Google

이동현 지음

125개의 기술로 완벽하게 업무를 처리하는 구글 활용의 모든 것

구글 완전 정복

정보문화사
Information Publishing Group

125개의 기술로 완벽하게
업무를 처리하는 구글 활용의 모든 것
구글 완전 정복

초판 1쇄 발행 | 2012년 8월 1일
초판 3쇄 발행 | 2016년 3월 30일

지 은 이 | 이동현
발 행 인 | 이상만
발 행 처 | 정보문화사
주　　소 | 서울특별시 종로구 동숭동 1-81
전　　화 | (02)3673-0037~9(편집부) (02)3673-0114(대)
팩　　스 | (02)3673-0260
등　　록 | 제1-1013호
I S B N | 978-89-5674-571-8

도서문의 및 A/S 지원
정보문화사 홈페이지 | http://www.infopub.co.kr
저자 이메일 | mail@leedonghyun.com

이 책은 저작권법에 따라 보호받는 저작물이므로 무단 전재와 무단 복제를 금지하며,
책 내용의 전부 또는 일부를 사용하려면 반드시 저작권자와 정보문화사의 서면 동의를 받아야 합니다.

- 정보문화사는 독자 여러분의 의견에 항상 귀를 기울이고 있습니다.
- 잘못된 책은 구입처에서 교환해드립니다.
- 책값은 뒤표지에 있습니다.

저자의 글

스마트 워크, 클라우드, 안드로이드는 오늘날을 대표하는 IT 키워드입니다. 여기서 스마트 워크는 가장 효율적으로 업무를 처리하여 기업의 경쟁력을 강화하고 개인의 삶의 질을 높이는 업무 처리 방식을 말합니다.

기업이 스마트 워크를 도입하게 되면 의사 결정 시간이 짧아지며, 업무를 빠르고 정확하게 처리할 수 있어 기업 경쟁력 강화와 생산성 향상에도 도움을 주게 됩니다. 이런 효과적인 업무처리로 인해 스마트 워커들은 남는 시간을 자기 개발에 재투자할 수 있어 기업 발전에도 선순환이 이루어집니다.

스마트 워크가 기업 현장에서 가능할 수 있었던 데에는 스마트 디바이스의 대중화와 구글의 역할이 큽니다. 현재 국내 스마트폰 사용자들은 약 3000만 명을 넘어섰으며, 안드로이드 기반의 스마트 디바이스 시장이 지속적으로 늘어남에 따라 구글의 역할도 한층 커지고 있습니다. 또한 기업이 구글의 다양한 서비스를 어떻게 활용하고 적용하느냐에 따라 기업 발전과 성장에도 큰 영향을 끼치게 되었습니다.

필자는 스마트 워크를 구현하는 최상의 도구로써의 구글을 이 책에 담고자 했습니다. 또한 스마트 워크 현장에 구글을 적용할 수 있도록 도와주는 스마트 디바이스 활용법도 함께 다루면서, 구글의 다양한 서비스들을 기업 현장에서 쉽고 빠르게 적용할 수 있도록 도서를 구성하고자 했습니다.

독자 여러분들이 『구글 완전 정복』을 통해 개인과 기업의 발전에 기여하기를 바랍니다. 마지막으로 이 책을 쓰는 동안 도움을 주신 정보문화사의 정인경님과 구글에 대한 열정을 가질 수 있도록 늘 격려해 주는 아내 최순옥에게 감사를 표합니다.

이동현

Contents

PART 1
스마트 워커들의 지메일 활용 기술

- 01 지메일을 통해 업무를 처리해야 하는 10가지 이유 12
- 02 지메일 계정 등록하기 14
- 03 지메일 주소록 관리 16
- 04 엑셀로 지메일 주소록 관리하기 18
- 05 다른 메일 주소록을 지메일로 이전하기 20
- 06 라벨 만들기와 관리하기 22
- 07 필터링으로 메일 관리하기 24
- 08 중요한 메일 별표로 구분하여 보관하기 27
- 09 지메일로 메일 통합관리하기 29
- 10 앨리어스 기능 사용하기 31
- 11 발신인 설정하기 33
- 12 지메일 계정을 안전하게 사용하는 방법 35
- 13 보안 프로토콜 사용하기(HTTPS 설정) 36
- 14 2단계 인증 설정하기(구글 OTP) 37
- 15 지메일 한 번에 백업하기 39
- 16 아웃룩에서 지메일 사용하기(IMAP 중심) 41
- 17 단축키로 지메일 쉽게 확인하기 44
- 18 실수로 삭제한 지메일 주소록 복원하기 46
- 19 구글 계정 비밀번호 찾는 방법 47
- 20 구글 비밀번호 재설정하는 방법 49
- 21 구글 계정 삭제 및 탈퇴하기 50
- 22 아이폰(아이패드)과 지메일 연동하기 52
- 23 아이폰에서 네이버 메일 연동하기 54

COLUMN 스마트폰 패턴 찾기 56

PART 2
스마트 워커들의
업무 처리 기술

24 구글 캘린더를 사용하는 이유 60
25 구글 캘린더 일정 등록하기 63
26 일정 알림 설정하기 65
27 일정 알림 문자 받기 66
28 캘린더 만들기 68
29 캘린더 공유하기 69
30 캘린더 가져오기 71
31 캘린더 복사하기 72
32 미팅 일정잡기 73
33 구글 할 일 목록 관리하기 75
34 인터넷이 연결되지 않는 곳에서 일정 관리하기 78
35 아이폰에서 구글 캘린더 일정 수정하기 80
36 아이폰, 아이패드를 통해 할 일 목록 관리하기 81
37 아이폰에서 추가된 다수의 구글 캘린더 세팅하기 82
38 안드로이드폰에서 다수의 구글 캘린더 세팅하기 84
39 구글 토크 사용하기 86
40 구글 토크를 사용하는 세 가지 방법 87
41 웹에서 구글 토크 사용하기 88
42 스마트폰에서 구글 토크 사용하기 90
43 구글 토크로 외국인과 대화하기 92
44 캘린더 일정에 첨부 파일 추가하기 95

COLUMN 스마트폰을 사무실의 키폰처럼! 98

Google Contents

PART 3
스마트 워커들의
문서 작성기술

45 구글 드라이브의 장점들 102
46 구글 드라이브 문서 만들기(워드) 103
47 구글 워드로 문서 꾸미기 105
48 구글 문서도구로 스프레드시트 만들기(엑셀) 107
49 구글에서 엑셀 파일 편집하기 108
50 구글 문서도구로 프리젠테이션 만들기(파워포인트) 111
51 구글 양식을 통해 설문조사하기 114
52 구글 드라이브로 문서 관리하기 118
53 구글 드라이브에 파일 업로드 및 다운로드하기 120
54 구글 드라이브와 내 컴퓨터와 동기화하기 122
55 문서 공유하기 124
56 구글 문서 공유 설정 방법 125
57 문서 이메일에 첨부하기 126
58 홈페이지에 문서 공유하기 127
59 구글 양식으로 업무일지 만들기 130
60 구글 드라이브에 저장된 일일 업무일지 공유방법 132
61 구글 스프레드시트로 업무일지 만들기 134
62 구글 테이크아웃 137
63 구글 문서도구를 로컬로 백업하기 : GDocBackup 139
64 구글 문서에서 사용되는 주요 단축키 141

COLUMN 팩스기기 없이 팩스 보내기! 144

PART 4
스마트 워커들의
정보수집 기술

65 스마트 워커들의 정보 수집 방법 148
66 구글 알리미 사용법(메일로 구독하기) 150
67 구글 리더로 관심 정보 구독하기 152

68 구글 리더에서 피드 관리하기 154
69 구글 리더에 RSS 피드 가져오기/내보내기 155
70 구글 리더로 외국 사이트 번역해서 보기 157
71 구글 검색으로 할 수 있는 일들 159
72 구글 검색을 효과적으로 하려면 161
73 구글 이미지 검색하기 165
74 원하는 색상의 이미지만 검색하기 167
75 RSS 등록과 배포하기 168
76 구글 대시보드 속의 나의 개인정보 170
77 구글 검색 결과 삭제 요청하기 172
COLUMN 스마트폰, 태블릿 PC,
　　　　　컴퓨터들의 콘텐츠 소비 패턴 176

PART 5
스마트 워커들의 로컬 컴퓨터

78 구글 크롬 브라우저의 경쟁력 180
79 구글 크롬 설치하기 182
80 타 브라우저의 북마크 가져오기 184
81 나만의 북마크 설정과 폴더만들기 185
82 어디서든 동일한 북마크 사용하기 187
83 구글 툴바 설치하기 189
84 구글 툴바로 검색하기 190
85 구글 툴바로 외국 사이트 번역하기 192
86 구글 크롬으로 일본 사이트 자동 번역하기 194
87 구글 클라우드 프린터로 문서 인쇄하기 196
88 기업에서 구글 피카사를 사용하면 198
89 피카사 설치하기 200

Google Contents

90 피카사로 사진 편집하기 201
91 피카사 사진을 블로그에 올리기 203
92 피카사 공유하기 205
93 기업에서의 유튜브 활용법 207
94 유튜브 동영상을 기업 SNS와 공유하기 209
95 유튜브 동영상을 내 블로그에 넣는 방법 211

COLUMN 드롭박스 100% 활용하기 214

PART 6

기업 업무에
바로
적용하는
구글 서비스

96 중소기업에서 구글 플러스를 활용해야 하는 이유 218
97 구글 플러스 계정 만들기 220
98 구글 플러스 메뉴 이해하기 222
99 나만의 구글 플러스 전용 프로필 사진 만들기 224
100 지메일에 구글 플러스 서클 가져오기 226
101 구글 플러스 행아웃으로 온라인 회의하기 228
102 행아웃과 구글 문서도구를 활용한 화상회의 231
103 기업 사이트에 구글 플러스 위젯 넣기 233
104 자신의 닉네임 단축 주소 만들기 236
105 구글 플러스 비즈니스용 페이지 만들기 238
106 긴 주소를 짧은 주소로 만들기 240
107 콘텐츠를 QR 코드로 만들기 241

COLUMN 구글 앱스의 효율성 242

PART 7
구글 앱스를 통한
기업 홈페이지 구축

108 구글 앱스 서비스 신청하기 246
109 도메인 구입하기 249
110 구글 앱스 소유권 인증 방법 251
111 구글 앱스에 기업 로고 등록하기 254
112 구글 앱스 사용자 등록하기 256
113 구글 앱스에서 구글 기능 설정하기 258
114 구글 앱스 관리자 페이지 설정하기 264
115 구글 앱스와 화이트 도메인 등록하기 267
116 구글 사이트 도구로 사내 인트라넷 만들기 271
117 웹 페이지 내용 작성 노하우 275
118 구글 사이트 도구로 모바일 홈페이지 구축하기 279
119 구글 앱스 스크립트 281
120 구글 앱스 스크립트를 적용한 재고 관리 프로그램 283
121 구글 앱스 스크립트로 작성한 영어 Quiz 285
122 구글 앱스 스크립트로 작성한 세미나 신청서 287
123 컨설팅 신청자 현황을 실시간으로 파악하기 290
124 구글 스크립트로 업무일지 만들기 294
125 지메일 미터로 이메일 사용 행태 분석하기 298

COLUMN 당신의 기업은
지금 어떤 문제로 고민하고 있습니까? 302

Google

PART 1

스마트 워커들의 지메일 기술

지메일은 직장에서의 업무 처리를 가장 효과적으로 도와주는 고마운 도구입니다. 라벨과 필터 기능은 중요한 메일이나 긴급하게 처리해야 할 업무를 관리하는 데에 매우 효율적으로 사용되며, 동시에 바이러스나 스팸 메일에서 자유로울 수 있도록 도와주기도 합니다. 파트 1에서는 지메일 계정을 등록하는 방법부터 지메일을 통해 업무를 손쉽게 처리하는 방법과 함께 스마트 디바이스(아이패드, 아이폰)에 지메일을 설정하는 방법을 소개할 것입니다.

Google
01

지메일을 통해 업무를 처리해야 하는 10가지 이유

지금까지 국내 기업들이 업무에 지메일을 활용하지 않았던 것은 메일로 업무를 처리하는 것에 대한 인식 부족과 사내에 별도의 서버를 두어야 한다는 고정관념 때문일 것입니다. 그러나 10인 이하 기업에서는 구글 앱스를 통해 업무처리가 가능하기 때문에 해외에서는 많은 수의 기업이 사용하고 있는 추세입니다. 지메일(구글 앱스)을 벤처나 중소기업에서 사용하면 특별한 추가비용 없이 무료로 사용하거나 저비용으로 유지 관리할 수 있다는 점에서 기업 경쟁력 향상에도 도움을 줄 수 있습니다. 개인사용자 및 기업사용자들을 끌어들이는 지메일의 매력에 대해 살펴봅시다.

1 | 지메일에는 바이러스 필터가 내장되어 있어 바이러스 감염 위협을 현저하게 줄여줍니다.

2 | 중요한 메일이나 업무상 처리해야 할 메일들을 라벨과 필터 기능을 통해 효과적으로 관리할 수 있습니다.

3 | 데스크톱과 모바일을 연동할 수 있으므로 메일, 연락처, 캘린더, 주소록, 메모 등을 효과적으로 처리할 수 있습니다.

4 | 검색 기능이 탁월합니다. 자동검색 기능을 활성화해 놓으면 한 두 단어만 검색해도 수년 전의 메일까지 검색하여 줍니다.

5 | 중요한 메일을 주소록에 등록해 효과적으로 관리할 수 있습니다.

6 | 새로 스마트 디바이스(스마트폰, 태블릿 PC, 넷북 등)를 구입하더라도 기본 메일은 그대로 유지할 수 있습니다.

7 | 일정을 추가하고 곧바로 상대방에게 전달하거나 공유할 수 있습니다.

8 | 받은 메일에 일정이 있으면 바로 캘린더와 할 일 목록에 등록할 수 있으며 메일이나 문자로 알림을 설정할 수도 있습니다.

9 | 언제 어디서나 인터넷만 되면 구글 문서도구를 통해 문서를 작성할 수 있습니다.

10 | 지메일에 내장된 구글 토크, 구글 플러스를 통해 음성통화와 영상통화를 할 수 있습니다.

구글의 지메일을 사용하게 되면 기존의 IT 인력을 기업의 비즈니스에만 집중할 수 있도록 하는 효과를 가져다줍니다. 지메일을 기업 업무에 도입하게 될 경우 메시징 시스템 및 모바일 디바이스 인프라 구축에 대한 고민이나 IT 인력 부족, 유지비용에 대한 고민 등을 하지 않아도 됩니다.

NOTE 구글 앱스란?

개인 사용자들이 일반적으로 사용하는 웹 메일을 지메일이라고 하며 기업에서 기업이 보유한 도메인과 지메일을 연결해 사용하는 것을 구글 앱스라고 합니다. 지메일은 'ID@gmail.com'의 형식을 가지며 구글 앱스는 'ID@도메인명'의 형식을 가집니다.

- 지메일(leedonghyun68@gmail.com)

- 구글 앱스 메일(mail@leedonghyun.com)

Part 1 스마트 워커들의 지메일 기술

Google
02

지메일 계정 등록하기

구글은 세계적인 검색 엔진을 보유한 기업으로 최근 안드로이드 운영체제를 스마트폰이나 태블릿 PC에 탑재시키면서 웹뿐만 아니라 모바일 세계의 선두기업으로 자리매김하게 되었습니다. 그에 따라 구글이 제공하는 지메일은 스마트 라이프에서부터 스마트 워크에 이르기까지 없어서는 안 될 도구가 되었습니다. 지메일에 가입하면 일정 관리, 인맥 관리, 할 일 관리, 문서 관리를 손쉽게 할 수 있는 구글 캘린더, 주소록, 구글 드라이브 등을 제공받을 수 있습니다.

01 지메일 사이트에 접속하기

지메일 사이트(http://gmail.com)에 접속합니다. 오른쪽 상단에 있는 가입하기를 클릭하여 계정 만들기 페이지로 이동합니다.

02 개인 정보 등록하기

[이름]과 [사용자 이름], 비밀번호를 입력합니다.

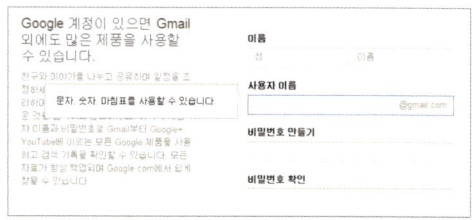

 지메일 계정을 등록하면 구글에서 제공하는 서비스를 별도의 가입 없이 사용할 수 있습니다.

03 가입 완료하기

모든 필드 값을 입력하면 메일 계정 생성이 완료됩니다. 계정생성이 완료되면 환영인사와 함께 가입한 지메일 주소를 확인시켜 줍니다. 하단에 있는 [Gmail(으)로 이동] 버튼을 클릭하여 지메일을 바로 사용할 수 있습니다.

NOTE 구글 앱스를 통해 지메일 사용하기

기업의 도메인과 지메일을 연결하여 사용할 수 있도록 하는 것이 바로 구글 앱스입니다. 10명 미만의 직원을 보유한 중소형 기업에서는 무료로 사용할 수 있으며 구글 드라이브, 구글 플러스와 구글 사이트 도구를 통해 사내 인트라넷을 쉽게 구축할 수 있도록 제공하고 있습니다.

- 구글 앱스에 대한 온라인 강좌 : http://goo.gl/NxvKR

Google
03

지메일 주소록 관리

지메일의 주소록은 웹과 스마트 디바이스 등을 통해 쉽게 접근할 수 있으며, 송수신 시 주고받는 메일 주소를 쉽게 관리할 수 있습니다. 주소록에 있는 필드 값을 이용하면 인맥 관리에 유용한 데이터베이스를 만들 수 있습니다.

01 주소록 접속하기

로그인한 후 구글 로고 아래의 [Gmail]을 클릭합니다. 메뉴에서 [주소록]을 선택하면 주소록에 접속할 수 있습니다.

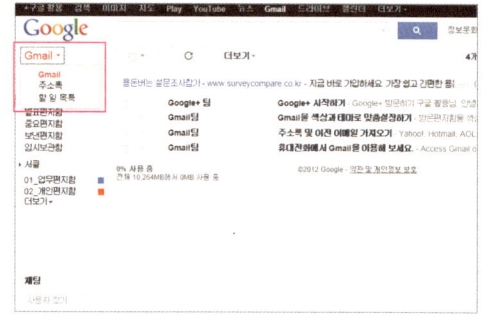

02 새 연락처 추가하기

[주소록] 바로 아래에 있는 [새 연락처]를 클릭합니다.

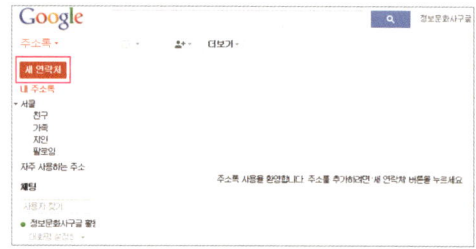

03 상세 정보 입력하기

새 주소록 추가 화면이 나오면 이름, 전화번호 등의 필드 값을 입력합니다. 원한다면 사진을 넣을 수도 있고, 간단하게 메모를 추가할 수도 있습니다.

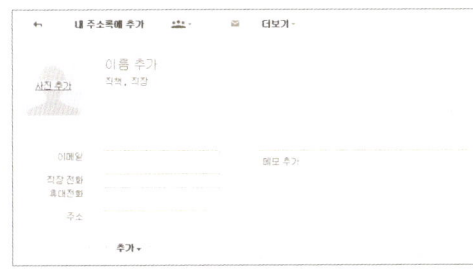

04 새 그룹 만들기

그룹을 선택하여 주소록에 있는 인맥들을 쉽게 관리할 수 있도록 분류합니다. 새로운 그룹을 만들고 싶다면 [새 그룹 만들기]를 선택합니다.

05 메모 추가하기

기본 정보를 입력했다면 오른쪽의 메모 창에 인상착의, 이미지, 주요 대화 내용 등을 기록하여 다음 미팅 시 참고할 수 있도록 합니다.

Google
04
엑셀로 지메일 주소록 관리하기

기업에서는 효과적인 업무처리를 위해 거래처나 고객의 연락처를 엑셀 파일로 정리해 사용하는 경우가 많습니다. 또한 학교나 단체 등에서도 회원들의 주소를 모아 엑셀 파일로 만들고 주소록으로 사용하는 경우가 많은데, 이 파일을 지메일 주소록에 손쉽게 옮겨 사용할 수 있습니다.

01 지메일 주소록 내보내기

[주소록] 화면에서 [더보기]를 클릭하고 [내보내기]를 선택합니다.

02 내보내기 형식 선택하기

[주소록 내보내기] 창이 나타나면 내보낼 주소록으로 [전체 주소록], 내보낼 형식으로 [Outlook CSV 형식]을 선택한 후 [내보내기]를 클릭하여 PC에 저장합니다.

 아웃룩을 사용하지 않는다면 [Google CSV 형식]을 선택합니다.

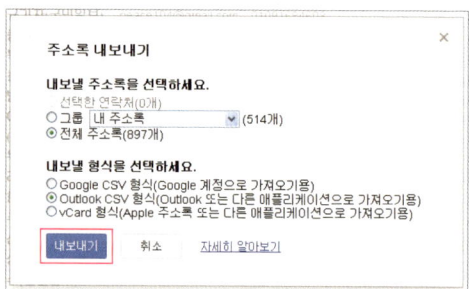

03 내용 입력하기

다운로드받은 'conacts.csv' 파일을 엑셀에서 열고, 지메일에서 관리할 주소 내용을 채워 넣습니다. 다른 엑셀 형식의 주소록이 있다면 내용을 복사해 붙여넣기합니다.

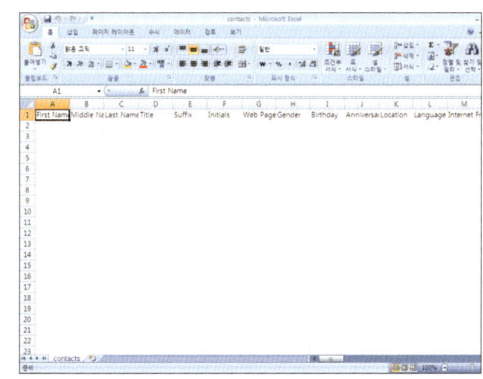

 내용이 다 채워지면 확장자명을 CSV로 선택하여 저장합니다(CSV 쉼표로 분리 선택).

04 지메일로 주소록 가져오기

[주소록] 화면 왼쪽 하단에 있는 [주소록 가져오기]를 클릭합니다. [주소록 가져오기] 창이 나타나면 [찾아보기]를 클릭하여 저장한 주소록 파일을 찾아서 선택하고 [가져오기]를 클릭합니다.

Google
05

다른 메일 주소록을 지메일로 이전하기

국내에서 가장 많은 사용자를 확보하고 있는 메일은 다음 메일과 네이버 메일일 것입니다. 기존에 이 계정들을 통해서 메일을 주고받고 주소록을 작성했다면, 이 연락처를 지메일로 이전하는 것이 가능합니다. 지메일을 사용하기 전에 기존에 사용하고 있는 메일의 주소록을 옮겨두면 구글에서 제공하는 각종 서비스들을 효과적으로 활용할 수 있습니다.

01 다음 주소록 내보내기

다음 메일에서 자신의 계정으로 로그인한 후 주소록에서 [주소록 내보내기]를 선택합니다. [파일로 내보내기]를 선택하고, 파일의 종류는 [익스프레스 주소록(.CSV)]을 선택합니다. [내보내기]를 클릭하여 주소록 파일을 내 컴퓨터에 다운로드받습니다.

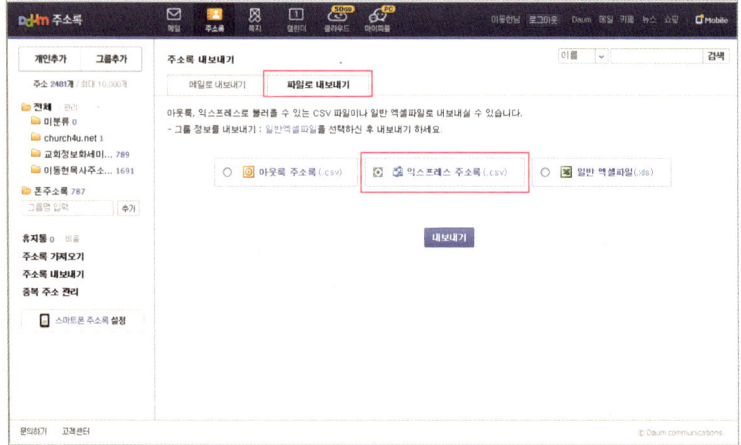

> **NOTE 인맥 관리**
>
> 현대 사회에서는 인맥 관리가 사회적 측면에서 중요한 요소로 평가받고 있습니다. 스마트 디바이스에서 제공하는 주소록을 효과적으로 관리하는 방법을 통해 자신의 인맥관리를 쉽게 할 수 있습니다.

02 네이버 주소록 내보내기

다음 주소록 내보내기와 동일한 방식으로 진행합니다. 파일 형식은 반드시 CSV 주소록을 선택해야 합니다.

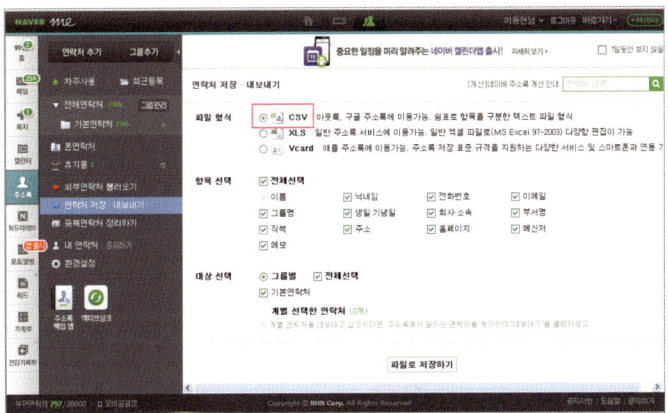

03 지메일로 주소록 가져오기

[주소록] 화면 왼쪽 하단에 있는 [주소록 가져오기]를 클릭하고 [찾아보기]를 선택해 다음과 네이버에서 저장한 메일 주소록을 가져옵니다.

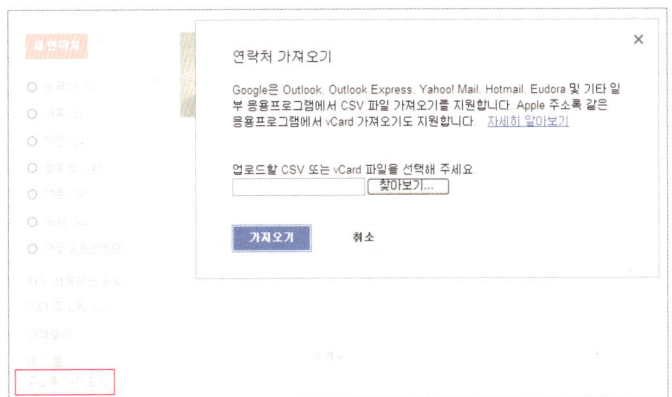

 지메일에서 업로드할 수 있는 파일 형식은 CSV 또는 vCARD입니다.

Google
06

라벨 만들기와 관리하기

지메일은 일반 메일과 같이 편지함이 세분화되어 있지 않습니다. 그래서 지메일에서는 라벨이라는 것을 사용하여 편지함 기능을 대체합니다. 기본적으로 제공되는 라벨은 개인, 업무, 청구서가 있으며 사용자의 취향에 따라 새로운 라벨을 만들고 관리할 수 있습니다.

01 라벨 만들기와 관리하기

[Gmail] 화면에서 왼쪽 메뉴의 [자세히]를 눌러 [라벨 관리]를 클릭하면 [환경설정] 화면의 [라벨] 탭으로 이동합니다.

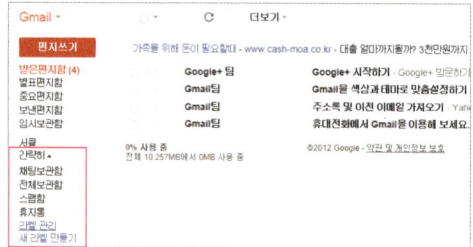

02 새 라벨 추가하기

[라벨] 탭에서 스크롤을 아래로 내린 뒤, [라벨] 영역의 [새 라벨 만들기]를 클릭합니다. 원하는 라벨명을 입력한 후 [확인]을 클릭합니다.

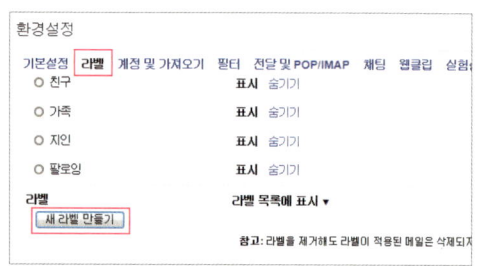

 지메일의 라벨은 시스템 라벨과 일반 라벨로 구분되며 숨기거나 표시할 수 있습니다.

03 라벨에 색상 입혀 구분하기

라벨에 색상을 입히면 관련 내용의 라벨을 보다 직관적으로 찾을 수 있습니다. 라벨 오른쪽의 색상을 클릭하면 색을 변경할 수 있으니, 중요한 메일일수록 눈에 잘 보이는 색으로 구성합니다.

04 라벨 앞에 숫자 붙이기

라벨은 기본적으로 가나다순으로 배열되기 때문에 중요한 메일함이 맨 아래로 배치되는 경우도 발생합니다. 라벨 앞에 번호를 붙여 놓으면 자주 사용하는 편지함이나 중요한 편지함을 상단에 위치시킬 수 있기 때문에 메일을 쉽게 관리할 수 있습니다.

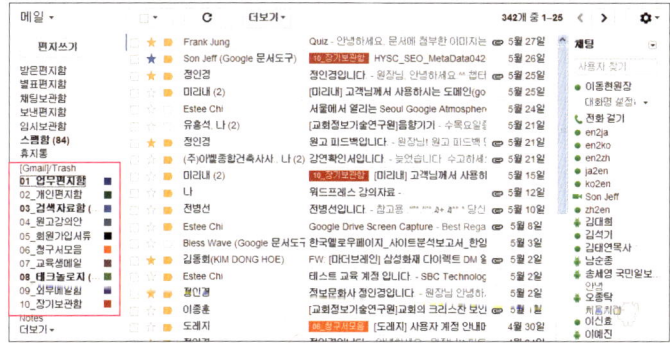

 시스템 라벨의 경우에는 색상과 번호를 붙일 수 없습니다. 자신이 제작한 라벨에 한해 숫자와 색상을 넣어 구분할 수 있습니다.

Google
07
필터링으로 메일 관리하기

필터링은 각종 메일을 쉽게 분류할 수 있도록 도와주기 때문에 메일 업무를 처리할 때 시간적으로 많은 이득을 얻을 수 있습니다. 메일이 수신되면 보낸 사람, 내용, 제목에 따라 메일을 자동으로 분류합니다. 일반적으로 메일이 도착하면 메일의 성격에 따라 라벨을 붙이거나 자신이 처리해야 할 메일이 아닌 경우에는 다른 사람에게 전달하는 등의 일을 별도로 처리해야 하지만 지메일의 필터링을 이용하면 이런 번거로운 일은 더 이상 하지 않아도 됩니다.

01 환경설정 접속하기

[Gmail] 화면에서 오른쪽 상단의 환경설정 아이콘(✿▾)을 클릭하고 목록에서 [환경설정]을 선택합니다.

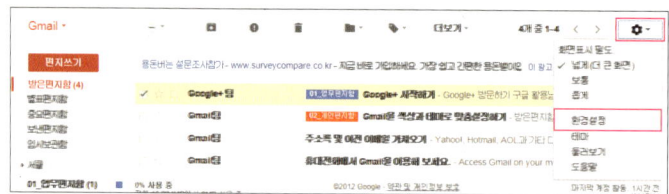

02 필터 선택하기

[환경설정] 화면의 [필터] 탭에서 필터링을 설정할 수 있습니다. 새로운 자동분류를 만들기 위해서 [새 필터 만들기]를 클릭합니다.

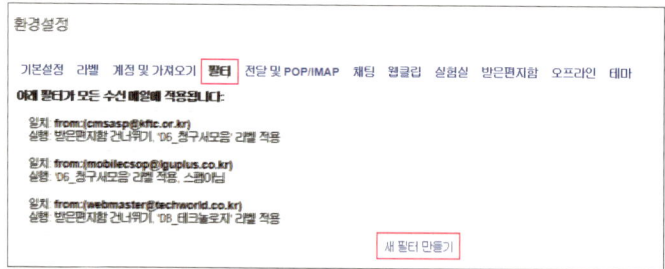

03 새 필터 만들기

보낸 사람이나 제목 등의 검색어를 입력하여 필터를 만듭니다. 여기서는 [포함하는 단어]에 "삼성에스디에스"를 입력했습니다. 입력을 완료한 후 [이 검색 기준으로 필터 만들기]를 클릭합니다.

04 필터링 세부 설정하기

메일의 중요성에 따라 별표를 표시하거나 라벨을 적용합니다. 여기서는 [06_청구서모음] 라벨로 메일이 이동되도록 설정해 보았습니다.

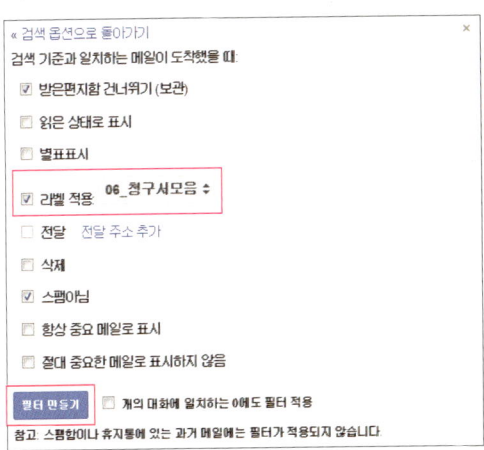

05 필터링 된 메일 확인하기

검색어 "삼성에스디에스"를 포함하는 메일이 [06_청구서모음] 라벨로 들어간 것을 확인할 수 있습니다.

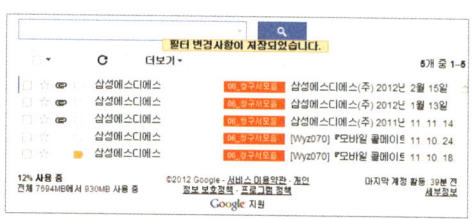

 지메일에서는 바이러스 필터와 스팸 필터를 제공하여 스팸 없는 메일, 바이러스 걱정 없는 메일을 구현하고 있습니다.

NOTE 지메일의 라벨링 3원칙

일반 메일에서 폴더를 너무 많이 만들면 메일을 찾기가 힘든 것과 마찬가지로 지메일에서도 라벨을 무분별하게 적용하면 직관적으로 찾기가 쉽지 않습니다. 이런 문제를 해결하기 위해서는 다음과 같은 소소한 원칙이 필요합니다.

1. 라벨에 우선순위를 정한다.
라벨은 숫자, 영문자, 한글 순으로 정렬됩니다. 만약에 내가 중요하게 여기는 라벨이 최하위에 있거나 중간에 있다면 쉽게 눈에 들어오지 않습니다. 그러므로 이런 문제를 해결하기 위해서는 숫자를 붙여 라벨을 구분합니다. 01, 02, 03과 같은 번호를 붙여 놓으면 라벨을 직관적으로 찾기가 쉽습니다.

2. 라벨에 색을 입혀 가독성을 높인다.
라벨에 색상을 입혀놓으면 더 쉽게 메일을 확인할 수 있습니다. [Gmail] 화면 왼쪽의 메뉴에서 라벨 이름 오른쪽 색상을 클릭하면 라벨 팔레트가 나타나며, 24가지 패턴 중에 원하는 색상을 선택할 수 있습니다. 중요도가 높은 라벨일수록 눈에 잘 띄는 색을 사용하면 메일을 지나칠 염려가 거의 없습니다. 가독성을 높이기 위해서 중요도가 높은 2~3개의 메일에만 색상을 입히는 것을 권장합니다.

3. 필터와 함께 사용한다.
메일을 받으면 일반적으로 받은 편지함에 메일이 쌓이게 됩니다. 받은편지함에서 용도에 따라 다시 분류하려면 두 번 일을 해야 합니다. 그러므로 메일을 받을 때 필터 기능을 사용하여 용도에 따라 분류하는 것이 좋습니다. 보낸 사람의 이메일 주소를 기준으로 분류하거나 내용을 통해 분류하면 되는데 메일의 성격에 따라 분류하는 것이 좋습니다.

08

중요한 메일 별표로 구분하여 보관하기

중요한 메일에는 별표를 붙여 관리합니다. 지메일의 별표 기능은 반드시 회신해야 할 메일이나 중요하게 처리해야 할 메일 등에 사용합니다. 별표를 붙여두면 잊지 않고 일을 처리하는데 큰 도움이 됩니다.

01 메일에 별표 붙이기

메일 목록에서 보낸 사람 왼쪽에 있는 별표 모양을 클릭하면 별표가 노란 색으로 변합니다. 프로젝트와 같이 일정 기간 동안 지속적으로 관리해야 하는 작업의 경우 별표를 넣어서 관리하는 것이 좋습니다.

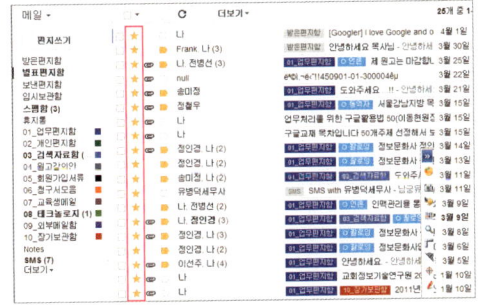

02 별표 제거하기

작업이 끝난 메일은 별표를 제거합니다. 표시된 별표를 다시 한 번 클릭하는 것만으로 손쉽게 별표를 제거할 수 있습니다.

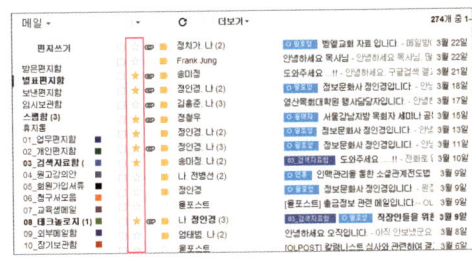

03 별표에 색상 입히기

지메일의 별표에도 라벨처럼 색상을 넣을 수 있습니다. 오른쪽 상단에 있는 환경설정 아이콘(✿▼)을 클릭하고 [환경설정]을 선택합니다. [기본설정] 탭의 [별] 영역에서 개인 취향에 따라 별 종류를 선택합니다.

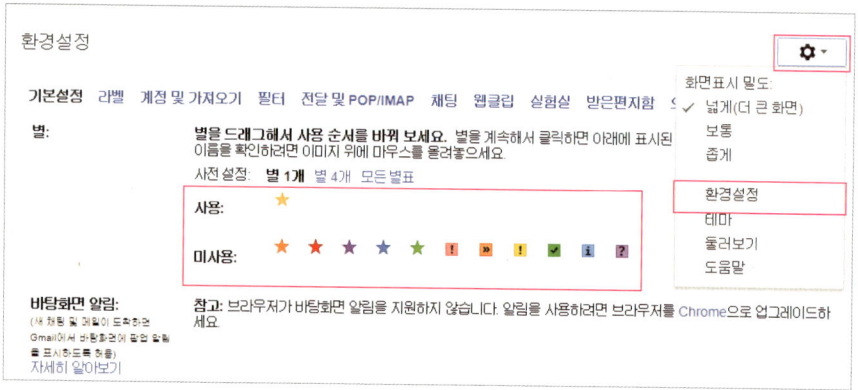

04 업무에 별표 사용하기

처리가 필요한 메일, 완료되었지만 중요한 메일 등을 다른 색으로 설정해 놓습니다. 별표가 표시된 메일은 종류별로 구분하여 라벨링합니다.

 색을 너무 많이 사용하면 도리어 불편할 수 있으니 적당히 사용합니다.

Google
09
지메일로 메일 통합관리하기

지메일에서는 외부 메일을 통합적으로 관리할 수 있는 기능을 제공하고 있습니다. 이 기능을 사용하면 다음 메일, 네이버 메일 등의 외부 메일을 해당 웹에 접속하지 않고도 지메일에서 바로 받아 볼 수 있습니다.

01 계정 화면 들어가기

환경설정 아이콘(✿▾)을 클릭하고 [환경설정]을 선택합니다. [환경설정] 화면에서 [계정 및 가져오기] 탭을 선택하면 다양한 계정 설정을 수행할 수 있는 화면으로 이동합니다.

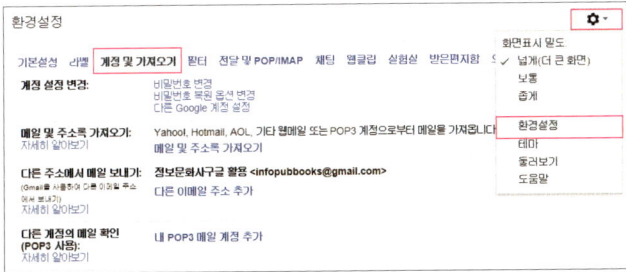

02 메일 계정 추가하기

[다른 계정의 메일 확인(POP3 사용):]의 [내 POP3 메일 계정 추가]를 선택합니다.

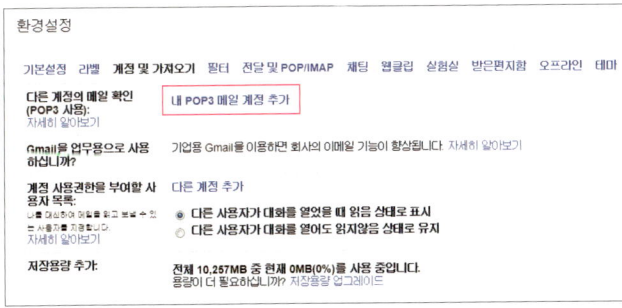

03 메일 주소 입력하기

[메일 계정 추가] 창의 [이메일 주소]에 지메일에서 받아보고 싶은 외부 이메일 주소를 입력하고 [다음 단계]를 클릭합니다.

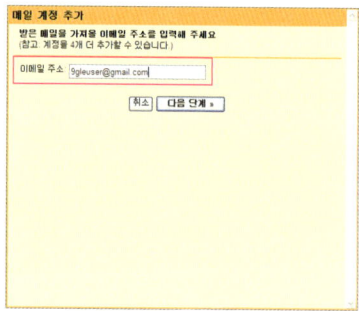

04 기타 정보 입력하기

[사용자 이름]과 [비밀번호]를 입력하고 기타 항목을 체크한 후 [계정 추가]를 클릭하면 외부 메일을 지메일에서 확인할 수 있습니다.

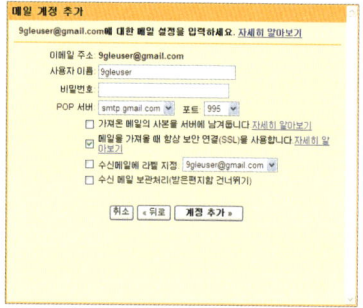

 [수신메일에 라벨 지정]을 체크하면 등록한 메일 계정으로 수신되는 메일에 자동으로 라벨이 붙여집니다.

05 계정 추가 확인하기

[메일 계정이 추가되었습니다.]라는 메시지와 함께 방금 세팅한 메일을 발신 주소로 하여 메일을 보낼 것인지를 묻는 메시지가 나타납니다. [다음 단계]를 클릭하면 메일 계정 설정이 모두 완료됩니다.

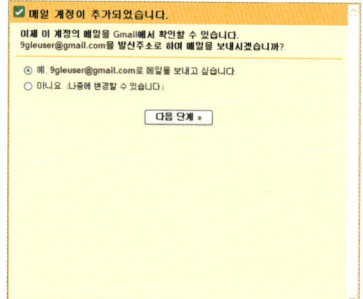

Google

10

앨리어스 기능 사용하기

지메일에서 제공하는 이메일 용량은 10기가로 메일 외에도 업무용 문서, 중요한 자료들을 저장하기에 충분합니다. 특히 지메일에서 제공하는 앨리어스 기능은 지메일로 오는 각종 메일들을 백업할 수 있으며, 나아가 쉽게 검색할 수 있어 업무에 매우 필요한 기술입니다.

01 앨리어스 메일 주소로 메일보내기

앨리어스 메일 주소로 메일을 보내보겠습니다. 자신의 지메일에서 'ID+식별문자@gmail.com'으로 메일을 보냅니다. 라벨과 필터를 사전에 설정해 놓았다면 앨리어스 메일은 해당 편지함으로 전송됩니다.

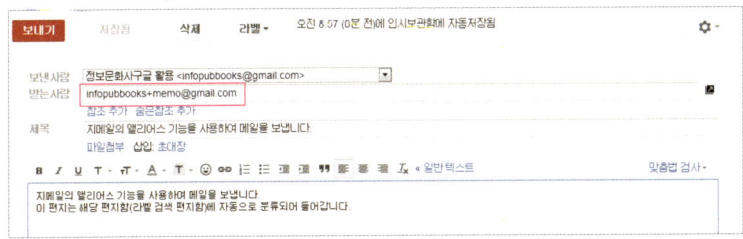

02 앨리어스 주소 구분하기

+를 이용해 앨리어스 기능을 사용하거나(ID+식별문자@gmail.com) 마침표로 앨리어스 기능을 사용합니다(아이디.문자 및 숫자@gmail.com).

예) pastor+memo@leedonghyun.com / leedonghyun.68@gmail.com

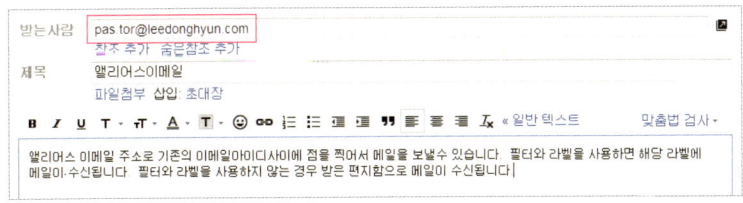

> **NOTE 앨리어스란?**
>
> 단일 계정에서 지메일 백업 기술을 사용할 때 일반 메일과 백업용 데이터를 구분하여 관리할 수 있도록 도와주는 기능입니다. 사용자 아이디 뒤에 +를 입력하여 무제한으로 메일 주소를 늘릴 수 있는데 필터와 라벨을 연결하지 않았다면 받은편지함에, 연결했다면 해당 라벨 편지함에 메일이 들어갑니다.

03 메일 제목을 인덱스로 처리하기

지메일에 데이터를 백업한다면 메일 제목을 인덱스처럼 처리해야 하므로 제목과 키워드를 함께 기록하는 것이 좋습니다.

```
받는사람    pastor+backup@leedonghyun.com
            참조 추가   숨은참조 추가
제목        관리자 전화번호부 백업(20120501)
            삽입: 초대장

            ☑ google_전화번호부 백업(20120501).csv (text/csv) 3.00K
            첨부파일 추가

            B I U T ·T· A T· ☺ ∞ ≡ ≡ ≡ ≡ ❞ ≡ ≡ ≡ Ix  « 일반 텍스트

전화번호부 백업(20120501)
```

> **NOTE 제목 설정하는 방법**
>
> 제목을 설정할 때에는 백업 자료에 대한 구체적인 정보를 포함시키는 것이 중요합니다. 특히 첨부파일이 있는 경우에는 첨부파일의 내용을 한 눈에 알 수 있는 키워드를 포함시키는 것이 좋습니다. 예를 들어 전화번호부를 백업하여 자신의 지메일로 보낼 경우 '전화번호부 백업(20120501)'이라고 제목을 만들고 첨부파일 이름도 동일하게 사용합니다. 세미나 자료, 보고서, 사업보고서 등을 작성한 경우, 유사 파일들이 많이 검색될 수 있으므로 이런 경우를 대비하여 파일명에 날짜를 입력하는 습관을 가져야 합니다. 일반적으로 8자리 날짜를 입력하면 파일을 구분하기 쉬우며 검색 시에도 효과적입니다.

Google

11

발신인 설정하기

메일은 업무처리에 있어 가장 중요한 도구로 누가 메일을 보냈는지에 따라 메일의 처리 방법을 결정합니다. 개인용 메일이든 업무용 메일이든 발신인명이 바로 메일 업무처리에 있어 중요한 요소이기도 합니다. 발신인명은 인터넷상에서 내가 누구인지를 알리는 가장 중요한 역할을 담당하고 있습니다. 개인 메일의 경우에는 이름으로 설정하고 업무 메일로 사용할 경우에는 이름과 회사명을 포함하는 것이 좋습니다. 자신의 이름과 기업의 이름을 함께 넣으면 상대방이 나를 개인이 아닌 회사(기업) 이미지로 인식하도록 할 수 있습니다.

01 환경설정 화면 들어가기

[Gmail] 화면에서 환경설정 아이콘(✿ ▼)을 클릭하고 [환경설정]을 선택합니다.

02 발신인명 설정하기

[환경설정] 화면의 [계정 및 가져오기] 탭에서 [정보 수정]을 클릭합니다.

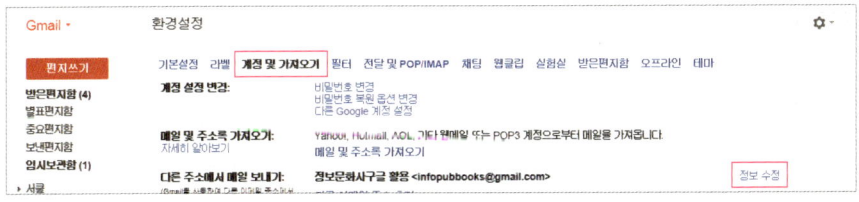

03 발신인명 메일 주소 변경하기

[이메일 주소 수정] 창이 나타나면 [이름]과 [이메일 주소]를 변경할 수 있습니다.

NOTE 답장 주소를 다르게 지정

지메일에서 메일을 보내더라도 업무상 메일을 보낼 때에는 회사 도메인을 사용하는 것이 좋습니다. 특히 다음, 네이버, 기업 메일을 지메일에 통합시켜 두었다면, 메일의 답장을 어디서 받을지 선택합니다.

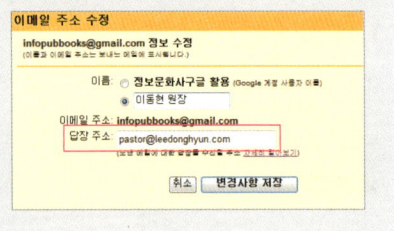

04 기본 메일 설정하기

여러 개의 이메일을 세팅했다면 자신이 가장 많이 사용하는 메일을 메인으로 설정합니다.

Tip▶ 보유 도메인을 통해 지메일 서비스를 사용할 수 있는 구글 앱스는 10명 이내의 기업에서 무료로 사용할 수 있습니다.

Google
12
지메일 계정을 안전하게 사용하는 방법

구글 계정은 안드로이드 계열의 스마트폰이나 태블릿 PC에서 없어서는 안 될 중요한 요소입니다. 구글 계정을 만들면 지메일, 캘린더, 구글 드라이브, 피카사, 구글 토크, 구글 플러스 등 거의 모든 구글 서비스를 무료로 사용할 수 있기 때문입니다. 이렇게 편리한 지메일을 더욱 안전하게 사용하는 방법을 소개합니다.

01 사용자 이름, 로그인 아이디 결정이 중요합니다.

지메일 주소 앞의 아이디는 신중하게 결정합니다. 지나치게 길어도 좋지 않고, 단순한 것도 곤란합니다. 사용자 이름이 길면 메일을 입력해야할 때에 번거로울 수 있고, 반대로 너무 단순하면 스팸 메일의 집중 공격을 받게 될 수 있어 부적절합니다. 알파벳과 숫자를 결합하되 사전에 없는 단어를 만드는 것이 좋습니다.

02 비밀번호는 나의 정보를 지키는 중요한 도구입니다.

비밀번호는 반드시 8자리 이상의 영어와 숫자로 조합합니다. 일련된 번호나 신용카드 번호, 생년월일, 전화번호, 주소 등의 개인정보를 조합하는 것은 위험합니다. 특히 생년월일이나 전화번호는 소셜네트워크 서비스나 블로그 등 각종 커뮤니티를 통해 노출되어 있다는 사실을 기억해야 합니다. 또한 비밀번호를 설정하고 일정 기간 이후에는 반드시 비밀번호를 변경해 주어야 합니다.

03 아이디와 비밀번호를 별도의 수첩에 기록해 놓습니다.

스마트폰 보급으로 구글이 대중화 되었지만 여전히 국내 사용자들은 다음이나 네이버 등을 선호합니다. 지메일은 단순히 스마트폰을 사용하기 위한 도구인 경우가 많지요. 그러나보니 지메일 아이디와 비밀번호를 잊어버리는 경우가 많이 발생합니다. 그러므로 반드시 아이디와 비밀번호를 별도로 기록해 두도록 합니다. 특히 스마트폰에서 계정을 만들 때에는 보조 이메일을 등록하지 않으므로, 후에 PC에서 보조 이메일을 등록해 두는 것이 좋습니다. 보조 이메일은 자신이 자주 사용하는 주소를 등록하여 지메일 계정 정보를 잊어버렸을 때 사용합니다.

Google
13
보안 프로토콜 사용하기(HTTPS 설정)

일반적으로 웹 브라우저의 주소는 'http://'로 시작되는데 지메일 옵션 중에는 'https://'를 사용하여 메일 보안을 강화할 수 있는 옵션이 있습니다. 'https'는 'http'와 거의 같지만 모든 통신 내용을 암호화하여 송수신합니다. 그렇기 때문에 누군가 나의 메일을 송수신 시 중간에서 가로채더라도 내용을 알 수 없도록 해주는 프로토콜(통신규약)입니다.

01 환경설정 들어가기

[환경설정] 화면에서 [기본설정] 탭을 선택합니다.

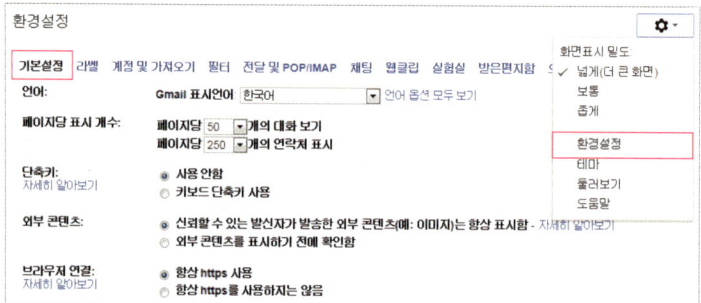

02 브라우저 연결 설정하기

[브라우저 연결]의 [항상 https 사용]을 선택하고 저장합니다.

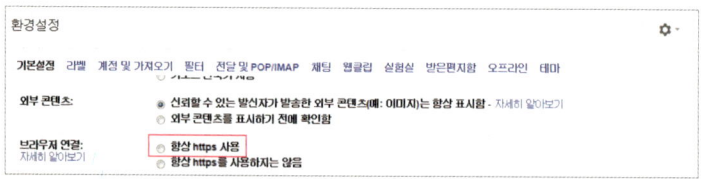

 http를 통해 지메일에 액세스하려면 URL을 수동으로 http://mail.google.com으로 변경할 수 있습니다.

Google
14
2단계 인증 설정하기(구글 OTP)

구글 앱스 사용자들은 2단계 인증을 통해 보안을 강화시킬 수 있습니다. 구글 OTP는 신뢰할 수 있는 컴퓨터에서 접속할 경우 30일에 한 번씩, 신뢰하지 못하는 컴퓨터에서 접속할 경우에는 매번 특별 코드를 입력해야 합니다. 이 설정은 기본으로 적용되는 것이 아니므로 구글 계정에서 직접 설정해 주어야 하며, 이때 받은 코드는 따로 프린트해 두는 것이 좋습니다.

01 구글 계정 들어가기

[환경설정]의 [계정 및 가져오기] 탭에서 [다른 Google 계정 설정]을 클릭해 계정 설정 화면에 접속합니다.

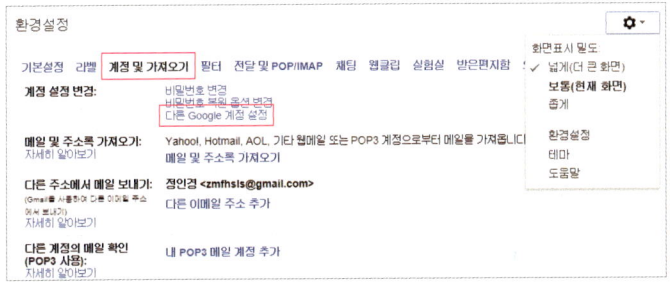

02 2단계 인증 설정하기

[계정] 화면에서 [보안]을 선택한 다음 [2단계 인증]의 [수정]을 클릭하고 비밀번호를 입력합니다.

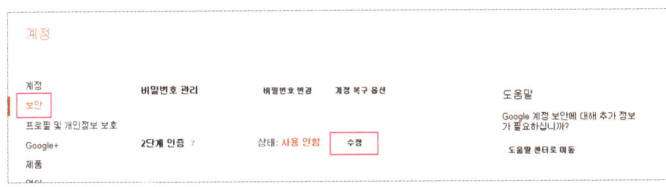

03 설정 시작하기

[Google 계정] 화면에서 [설정 시작]을 클릭해 설정합니다. 다음 화면에서 구글이 지시하는 대로 내용을 입력해 설정을 진행합니다.

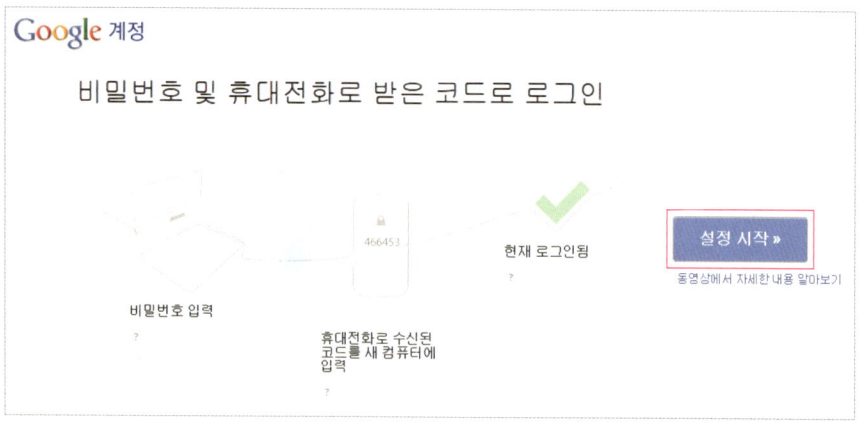

Tip▶ 그림에 마우스 커서를 가져가면 설명이 나타납니다.

NOTE 설정에 대해 알아보기

각각의 설정에 대해 자세히 알고 싶다면 [동영상에서 자세한 내용 알아보기]를 클릭해 공부할 수 있습니다.

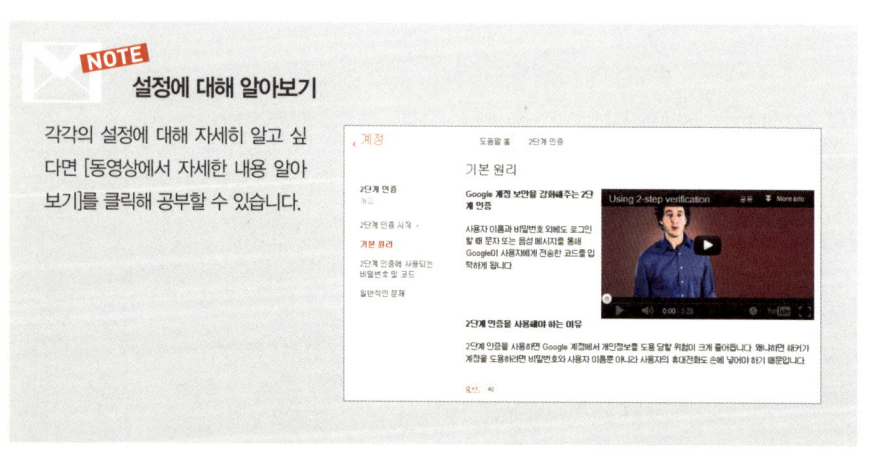

Google
15
지메일 한 번에 백업하기

구글의 지메일이든 포털 이메일이든 메일의 내용이 전부 사라져 버리는 것은 심각한 문제가 아닐 수 없습니다. 그렇다고 이런 일이 절대로 일어나지 않는다고 말할 수도 없습니다. 만약의 사태를 위해 메일을 한 번에 백업하는 방법에 대해 살펴보도록 하겠습니다.

01 백업 프로그램 다운로드받기

'http://www.gmail-backup.com/download'에 접속하여 구글의 지메일 백업 프로그램을 다운로드받습니다.

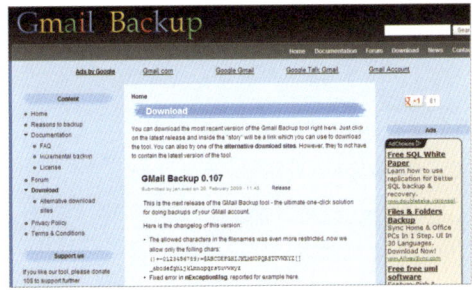

 지메일 백업(Gmail Backup)이라는 프로그램은 몇 분 안에 지메일을 백업할 수 있습니다. 빠르고 간단한 설치 과정을 거치면, 시작 메뉴와 바탕화면에 바로가기가 생성됩니다.

02 백업 프로그램 실행하기

프로그램을 실행하고 지메일 아이디와 패스워드를 입력합니다. 저장될 폴더와 백업할 기간을 입력하고 [Backup] 버튼을 클릭합니다.

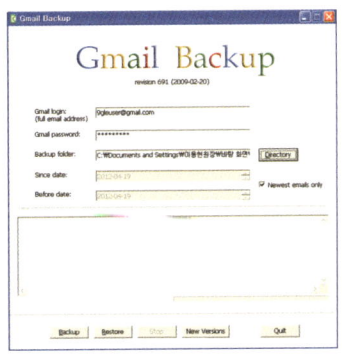

03 백업 과정 시작하기

메일의 수가 많으면 이 과정에서 긴 시간이 소요되며, 사용자는 백그라운드에서 이 작업을 실행할 수 있습니다.

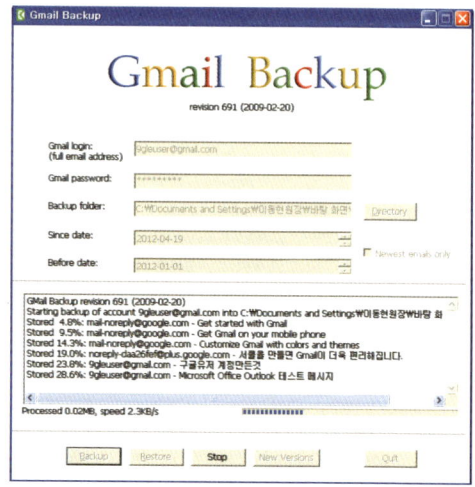

04 메일 복원하기

메일을 복원하고자 하는 지메일 계정과 비밀번호를 입력하고, 복원하고자 하는 메일 메시지들이 보관되어 있는 백업 폴더를 선택합니다. 백업에 사용된 계정과 복원을 하는 계정이 꼭 같을 필요는 없습니다.

> **Tip** 지메일 백업을 이용하면 한 계정에서 다른 계정으로 메일을 복원할 수 있는데, 특수 기호가 들어있는 라벨은 지원하지 않기 때문에 이름을 변경해 주어야 합니다.

Google

16

아웃룩에서 지메일 사용하기(IMAP 중심)

스마트 워킹에 있어 가장 중요한 것은 메일입니다. 특히 기업에서는 인트라넷이나 그룹웨어에 통합된 웹 메일 형태로 사용하는 것이 일반적입니다. 메일을 사용하는 방식에는 POP3와 IMAP 등이 있는데, 여기에서는 IMAP을 중심으로 아웃룩을 사용하는 방법을 알아보도록 하겠습니다.

01 IMAP 설정하기

가장 먼저 해야 할 일은 지메일의 환경을 IMAP이 가능하도록 변경하는 것입니다. [환경설정] 화면에서 [전달 및 POP/IMAP] 탭의 [IMAP 액세스]를 [IMAP 사용]으로 선택합니다.

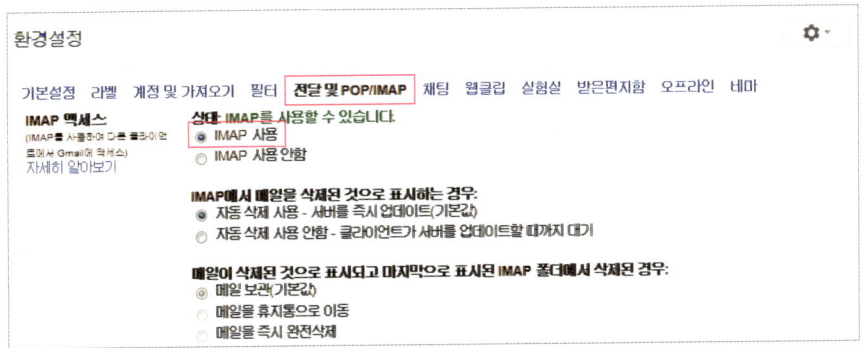

NOTE

IMAP을 사용하는 이유

메일을 통합하여 사용하다보면 접속하는 방식이나 관리하는 방식의 차이로 인해 동기화에 문제가 발생하기도 합니다. IMAP을 사용하면 사소한 오류들을 해결해주기 때문에 업무처리에 효과적입니다. 다만 서버의 부담 때문에 다수의 메일 서비스 프로바이더나 회사의 메일 서버에서는 IMAP을 지원하지 않고 있고, 지원을 하더라도 서버 부하를 가중시킨다는 단점 때문에 무료로는 지원하지 않습니다. 이에 비해 지메일은 회사 도메인을 가지고 메일을 사용할 수 있도록 구글 앱스를 제공하고 있으며 기존의 지메일 사용자도 동일하게 IMAP을 사용할 수 있도록 지원해줍니다.

02 아웃룩에 메일 계정 추가하기

아웃룩의 [파일] 탭에서 [정보]-[계정 추가]를 선택합니다.

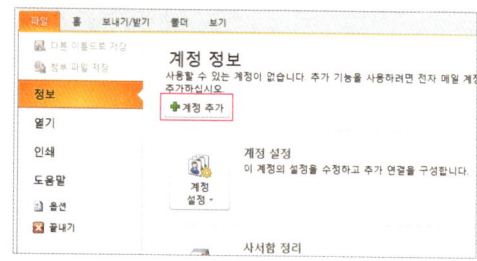

03 지메일 계정을 입력하기

[전자 메일 주소]에 지메일 사용자라면 지메일 계정(9gleuser@gmail.com)을, 구글 앱스 사용자라면 기업에서 제공하는 이메일(pastor@leedonghyun.com)을 입력합니다.

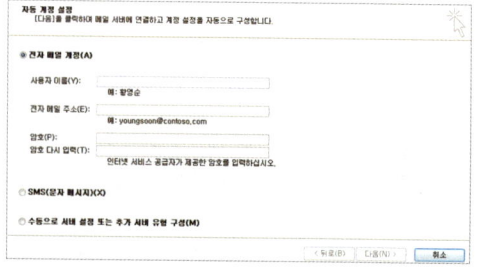

04 설정 마치기

아웃룩이 자동으로 메일 계정 구성을 마칩니다. 자동으로 마칠 때에는 기본 설정인 POP3로 계정이 구성됩니다. IMAP으로 계정을 사용하려면 [수동으로 서버 설정 구성]을 선택하고, [다음]을 클릭합니다.

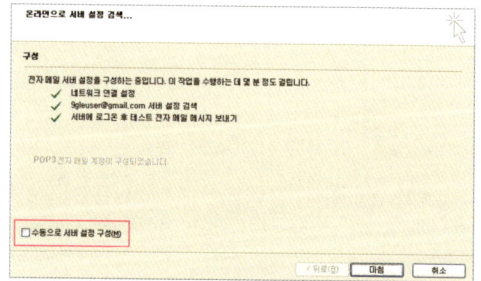

05 세부 정보 입력하기

[받는 메일 서버]에 "imap.gmail.com", [보내는 메일 서버]에 "smtp.gmail.com"을 각각 입력합니다. 입력이 끝나면 [기타 설정] 버튼을 클릭합니다.

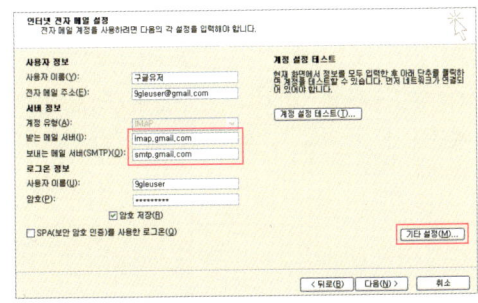

06 서버 인증 받기

[인터넷 전자 메일 설정] 창의 [보내는 메일 서버] 탭에서 '보내는 메일 서버(SMTP) 인증 필요'에 체크하면 자동으로 '받는 메일 서버와 동일한 설정 사용'이 선택됩니다.

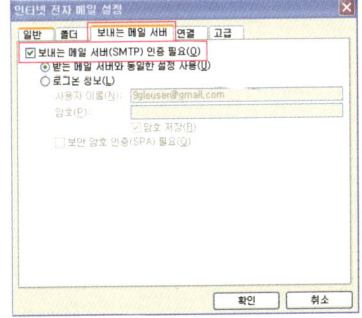

07 서버 포트 설정하기

[고급] 탭에서 서버 포트 번호를 설정해야 합니다. [받는 메일 서버(IMAP)] 포트는 일반적으로 IMAP이 사용하는 993 포트를 그대로 이용하면 됩니다. 단, [보내는 메일 서버(SMTP)]는 포트를 '587'로 수정해야 합니다.

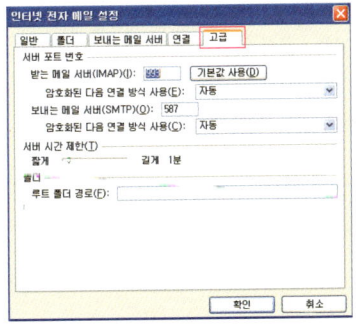

Google
17
단축키로 지메일 쉽게 확인하기

지메일을 통해 업무를 처리하는 구글 유저라면 활용할 수 있는 주요 단축키가 있습니다. 마우스를 클릭해 기능을 사용할 수도 있지만 단축키를 사용하면 편리하게 메일을 확인하거나 검색할 수 있습니다.

01 키보드 단축키 사용

[환경설정] 화면에서 [단축키]의 [키보드 단축키 사용]을 선택합니다.

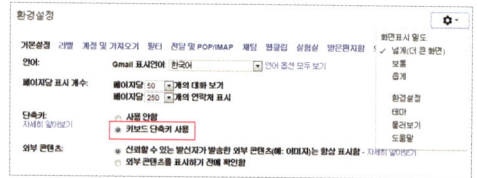

02 메일 작성하려면(단축키 : C 키)

지메일에서 메일을 작성하고자 한다면 [편지쓰기]를 클릭하거나 단축키 C 키를 누릅니다.

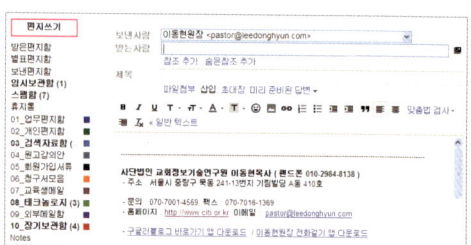

03 메일에 저장된 메일들을 검색하고자 한다면(단축키 : / 키)

어떤 모드에서 작업을 하더라도 단축키 / 키를 누르면 커서가 검색창으로 이동됩니다.

04 편지함 리스트로 이동하려면(단축키 : K , J 키)

단축키를 이용하면 편지함 리스트의 다음/이전 페이지로 이동할 수 있습니다.

05 별표를 표시하려면(단축키 S 키)

중요한 메일은 S 키를 눌러 별표를 설정할 수 있으며 다시 한 번 S 키를 누르면 별표가 제거됩니다.

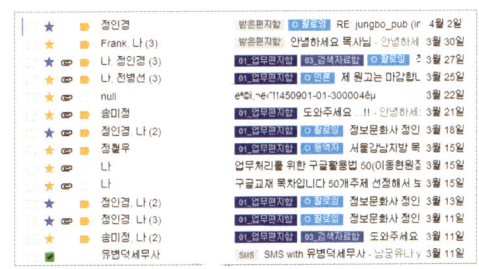

06 메일을 삭제하고자 한다면(단축키 # 키)

받은 메일 중에서 필요하지 않는 메일이나 스팸 메일을 삭제하고자 한다면 단축키 # 키를 눌러줍니다.

NOTE 그 밖의 단축키들

- 메일 답장하기 : r 키
- 메일 전달하기 : f 키
- 받은 메일 이동하기 : v 키
- 메일 도착 여부 확인하기 : Shift + n 키
- 전체 답장하기 : a 키
- 메일 라벨 변경하기 : l 키
- 작성 중인 메일 임시로 저장하기 : Ctrl + s 키
- 메일을 보관 처리하기 : e 키

Google
18
실수로 삭제한 지메일 주소록 복원하기

스마트폰을 구매하고 가장 먼저 하는 일은 바로 연락처를 동기화하는 것입니다. 구글 사용자의 경우에는 지메일의 주소록과 연동하여 최대 30일이내의 원하는 시점으로 주소록을 복원할 수 있게 되어 있습니다. 실수로 주소록의 연락처를 삭제했을 때 유용한 기능이 될 것입니다.

01 주소록 복원하기

[주소록] 화면에서 상단 메뉴의 [더보기]를 클릭하고 [연락처 복원]을 선택합니다.

02 복원 시점 선택하기

주소록 목록을 되돌릴 시간을 선택하고 [복원] 버튼을 클릭합니다.

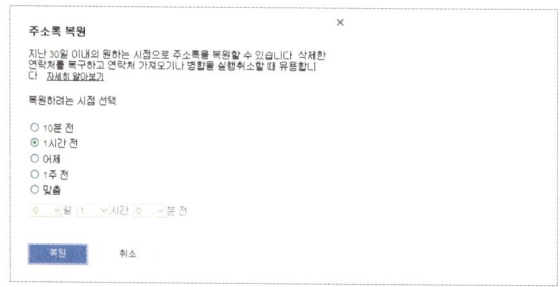

 주소록을 백업한 시간을 기록해 놓으면 복원 시점을 선택할 때 편리합니다.

Google
19

구글 계정 비밀번호 찾는 방법

구글 계정에 오랜만에 로그인하려고 보면 비밀번호가 생각나지 않을 때가 있습니다. 특히 스마트폰이 대중화되면서 스마트폰 구입 시 만든 지메일의 계정과 비밀번호를 찾지 못해 고생하는 경우가 종종 있습니다. 그렇다면 잊어버린 지메일 계정 비밀번호는 어떻게 하면 찾을 수 있을까요?

01 로그인 화면 접속하기

구글 홈페이지에서 로그인 화면 아래의 [계정에 액세스할 수 없습니까?]를 클릭합니다.

02 계정 정보 입력하기

[비밀번호를 잊어버렸습니다]를 선택하고 아래에 이메일 주소를 입력합니다.

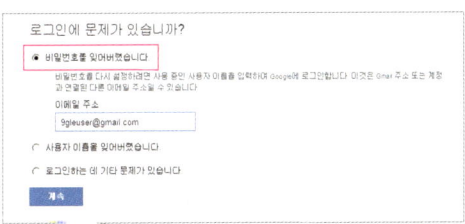

Part 1 스마트 워커들의 지메일 기술

03 계정 복구 방법 선택하기

계정을 복구하는 방법을 선택한 후 [계속]을 누릅니다.

04 새 비밀번호 설정하기

다른 메일 계정이나 휴대전화로 인증번호가 전송됩니다. 전송된 인증번호를 입력한 후 비밀번호를 재설정합니다.

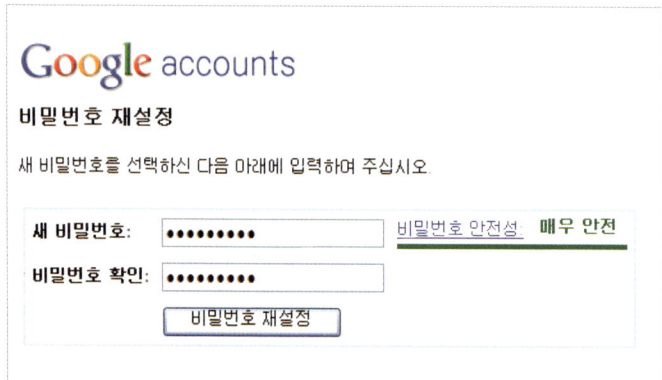

 지메일 계정 비밀번호를 잊어버렸다면 구글 사용자 그룹을 통해 온라인으로 상담을 받을 수 있습니다. (http://googler.pe.kr)

Google
20
구글 비밀번호 재설정하는 방법

포털 사이트를 방문하다보면 3개월마다 비밀번호를 변경할 것을 요청하는 경우가 많이 있습니다. 3개월 이상 비밀번호를 변경하지 않고 사용하다보면 비밀번호가 외부로 유출될 위험성이 커지기 때문입니다. 정기적으로 비밀번호를 변경해 이런 현상을 방지해야 합니다.

01 계정 설정 선택하기

지메일에 로그인한 후 상단의 프로필 사진을 클릭하고 [프로필 보기]를 선택합니다.

02 비밀번호 변경 창으로 이동하기

[계정] 화면이 나타나면 메뉴에서 [보안]을 선택하고 [비밀번호 관리]의 [비밀번호 변경]을 클릭합니다.

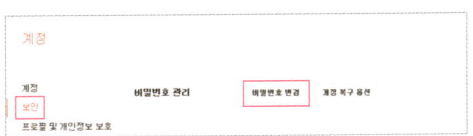

03 비밀번호 입력하기

현재 비밀번호와 변경할 비밀번호를 입력하고 저장을 누릅니다. 비밀번호가 변경됩니다.

Google
21
구글 계정 삭제 및 탈퇴하기

부득이 구글 계정을 삭제하거나 탈퇴하고자 할 경우가 생기면 다음과 같은 방법으로 진행합니다. 지메일을 영구 삭제하거나 계정을 폐쇄하거나 개인 정보를 삭제할 경우에 반드시 거쳐야 할 사항입니다.

01 계정 설정 화면으로 접속하기

[환경설정] 화면의 [계정 및 가져오기] 탭에서 [다른 Google 계정 설정]을 클릭합니다.

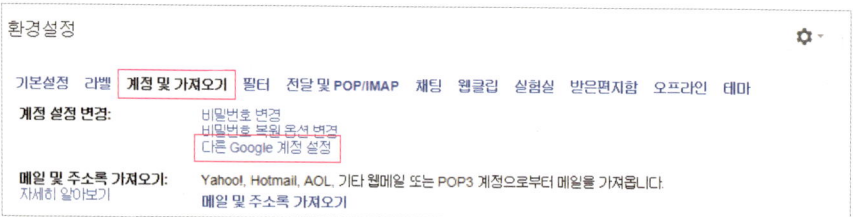

02 계정 폐쇄하기

제품 삭제(지메일 영구 제거, 웹 기록 영구 제거)와 계정 삭제(계정 폐쇄 및 이와 관련된 모든 서비스 및 정보 삭제) 중에 선택할 수 있습니다. 여기서는 [프로필 삭제 및 연결 Google+ 기능 제거]를 선택합니다.

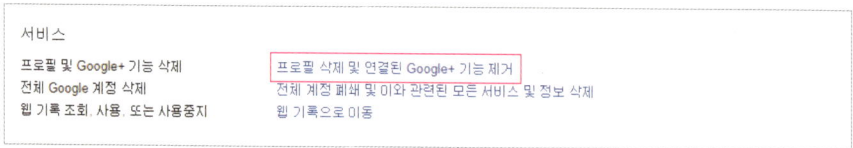

 수정 링크가 보이지 않으면 구글 앱스 등에서 만들어진 것일 수 있습니다. 이런 경우 계정을 삭제하려면 도메인 관리자에게 문의해야 합니다.

03 구글 플러스 삭제

[전체 Google 프로필 삭제]를 선택하고 [선택한 서비스 삭제]를 클릭합니다.

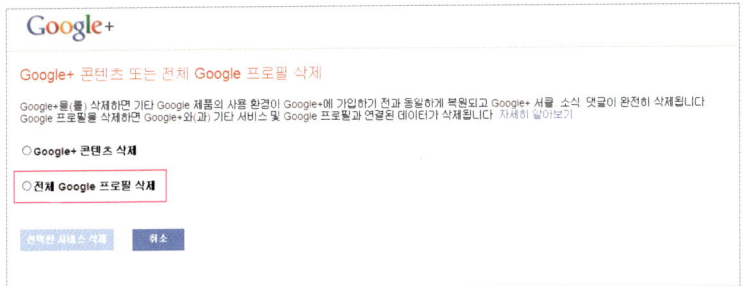

04 전체 구글 계정 삭제

[웹 기록], [Gmail], [Google 토크] 중 삭제할 내용을 체크한 후 [Google 계정 삭제]를 클릭하면 관련 내용이 삭제됩니다.

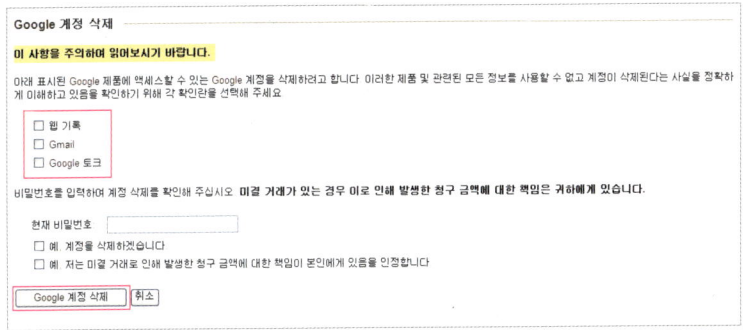

> **NOTE**
> **웹 기록 삭제하기**
>
> 웹 기록을 삭제할 수 있습니다. 개인정보에 민감한 사람들은 구글에 로그인한 후 검색한 내용들을 [전체 웹 기록 삭제]를 선택해 삭제합니다.

Google
22
아이폰(아이패드)과 지메일 연동하기

스마트 워크를 기업업무에 적용하여 구축하고자 한다면 먼저 스마트 디바이스 장비들을 세팅해야 합니다. 스마트폰에서는 아이콘만 터치하면 메일 확인이 가능하여 지하철이나 차량 안에서 쉽게 메일을 확인할 수 있습니다. 스마트폰을 통해 업무메일을 처리하는 방법을 익히는 일은 직장인에게 있어 반드시 필요합니다.

01 아이폰에서 설정하기

아이폰에서 [설정]을 선택하고 [Mail, 연락처, 캘린더]를 선택합니다.

02 계정 추가하기

[계정 추가]를 터치한 후 등록할 메일 종류를 [Exchange]로 선택합니다(지메일 선택 가능).

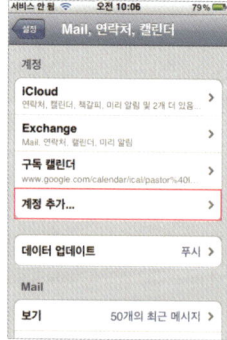 

03 계정 입력하기

[이메일]에 지메일 계정을 입력하고 [사용자 이름]과 [암호]를 입력합니다.

04 등록 완료하기

다음을 터치하면 받은편지함으로 이동하며 지메일로 온 메일을 확인할 수 있습니다.

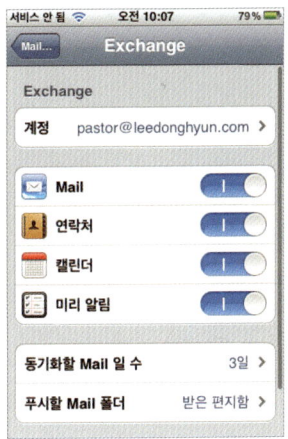

Google
23
아이폰에서 네이버 메일 연동하기

아이폰에서 네이버, 다음 메일을 사용하여 메일을 관리하고자 한다면 IMAP을 사용합니다. 웹과 스마트폰으로 메일을 확인할 때 확인한 메일과 미확인한 메일, 삭제하거나 보관한 메일 등을 쉽게 관리할 수 있습니다.

01 네이버 메일 세팅하기

네이버 메일에 로그인한 다음 [환경설정]을 클릭합니다. [POP3/IMAP 설정]을 클릭하고 [IMAP/SMTP 설정] 탭에서 [사용함]을 선택합니다.

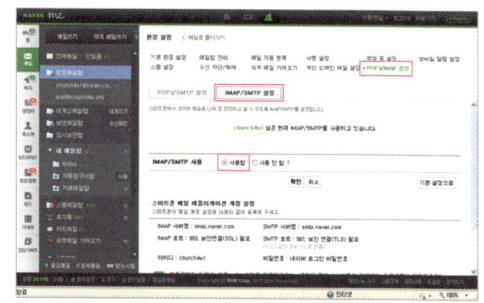

02 아이폰에서 설정하기

아이폰에서 설정을 터치하고 [Mail, 연락처, 캘린더]를 선택합니다.

03 계정 추가하기

[계정 추가]를 터치한 후 등록할 메일 종류를 [기타]로 선택합니다.

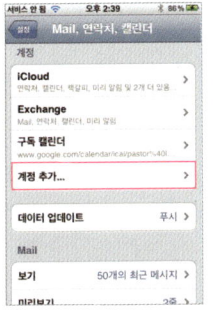 

04 계정 입력하기

[Mail 계정 추가]를 선택하고 새로운 계정의 정보를 입력합니다.

05 메일 확인하기

이제 아이폰의 [받은 편지함]에서 네이버로 수신된 메일을 확인할 수 있습니다.

 다음 메일(한메일)의 경우에도 네이버 메일과 동일하게 설정하면 됩니다.

Part 1 스마트 워커들의 지메일 기술

55

Colu**M**n
스마트폰 패턴 찾기

피처폰의 경우 다른 사람들이 함부로 사용하지 못하도록 하기 위해 비밀번호를 입력하도록 되어 있는데 스마트폰에서는 비밀번호와 패턴, PIN 번호 입력을 통해 암호화하도록 하고 있습니다. 그중에 가장 많이 사용하는 방식이 패턴 암호화입니다. 특정한 패턴을 입력해야 스마트폰에 접근할 수 있어 많이 사용하지만 아이들이 함부로 패턴을 눌러 문제가 생기는 경우가 많습니다.

1 | 패턴 실패로 인해 스마트폰을 사용할 수 없을 때

단말기 업체에서 제공하는 잠금 해제 프로그램을 통해 해제하는 방법으로, 단말기 제조업체(삼성, LG, KT, 스카이 등) 홈페이지에 방문하여 회원가입 후 사용할 수 있습니다. 단말기에 맞는 패턴 잠금해제 프로그램을 설치하고 컴퓨터와 스마트폰을 연결합니다. 업체마다 약간의 차이가 있을 수 있으므로 해당 홈페이지에서 지시하는 대로 실행해야 합니다. 패턴 잠금해제 프로그램을 찾아 설치 후 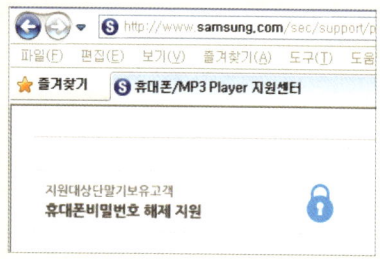 이름, 휴대폰 번호 등을 입력합니다. 입력 전에 자신의 단말기의 시리얼 번호를 넣고 인증을 받은 후 휴대폰 번호가 반드시 입력되어 있어야 합니다.

> **NOTE**
> **삼성 비밀번호 해제 서비스**
>
> 삼성전자의 경우에는 휴대폰 인증을 이용한 휴대폰 비밀번호 해제 서비스를 지원합니다. 삼성전자 홈페이지(http://www.sec.co.kr)에 로그인후 마이페이지로 이동한 다음 나의 등록 제품에서 서비스 바로가기를 클릭합니다. 휴대폰 비밀번호 해제를 클릭하면 본인 인증 후 약 5~30초 후 패턴이 자동으로 해제됩니다. 사용 전에 자신의 단말기가 삼성전자에 등록되어 있어야 하며 본인인증이 이루어진 상태이어야 합니다. 홈페이지에 등록된 모델과 자신의 단말기가 다른 경우 제품등록을 이용하여 변경된 모델로 등록 후 이용해야 합니다. 구글폰, 피처폰 및 휴대폰 가입이 안 되는 모델(갤럭시탭, WiFi 모델 등)은 휴대폰 비밀번호 해제 지원 서비스를 사용할 수 없습니다.

2 | 패턴을 잊어버리고 구글 계정 아이디와 비밀번호를 알고 있을 때

패턴을 몇 번 실패하면 패턴 하단에 작게 [패턴을 잊으셨나요?] 라는 문구가 나타납니다. 터치하면 구글 계정을 입력할 수 있는 입력창이 나오는데 구글 아이디와 비밀번호를 입력하면 잠금이 해제됩니다.

3 | 패턴도 모르고 구글 아이디와 비밀번호를 모르는 경우(보조 이메일로 찾는 방법)

아이디와 비밀번호를 모를 경우 보조 이메일을 통해 아이디와 비밀번호를 해제할 수 있습니다. 보조 이메일 등록을 하지 않는 경우는 대부분 스마트폰으로 구글 계정을 만든 경우인데 이런 경우 반드시 구글 홈페이지에 방문하여 보조 이메일 주소를 넣어주어야 합니다. 설정은 지메일로 로그인한 후 프로필의 [계정 설정]에서 진행합니다.

4 | 유심카드의 PIN코드를 이용한 잠금 설정을 한 경우

유심카드에 써 있는 pin번호나 puk 번호를 입력하여 풀 수 있습니다. 카드가 없을 경우 이동 통신사 사이트에서 pin번호를 확인할 수 있으며 확인이 어려울 경우, 가까운 통신사대리점으로 방문하여 pin과 puk를 확인할 수 있습니다(가입자 본인의 신분증 지참필요).

Google

PART 2

스마트 워커의
업무처리 기술

성공하는 스마트 워커들에게 있어서 메일만큼 중요한 것이 바로 일정 관리입니다. 언제 누구를 만나고 어떤 일들을 처리해야 하는지 정확하게 정리되지 않으면 업무처리에 어려움을 겪을 수밖에 없습니다. 이번 파트에서는 구글 캘린더를 통해 개인일정과 업무일정을 효과적으로 관리하는 방법과 함께 일정에 등록된 사람들과 구글 토크로 업무를 처리하는 방법에 대해 살펴보도록 하겠습니다.

Google
24
구글 캘린더를 사용하는 이유

기업에서 가장 중요한 것은 기업이 보유한 기술력, 정보력 그리고 사람입니다. 특히 마케팅이나 영업에 있어 빈틈없이 일정을 짜고 인맥을 관리하는 것은 무엇보다 중요합니다. 일정과 인맥을 손쉽게 관리할 수 있도록 도와주는 것이 바로 구글 캘린더와 주소록입니다. 구글 캘린더를 사용하면 온라인에서 일정을 관리할 수 있어 효율적으로 업무를 처리할 수 있으며 협업을 통한 공동 작업을 수행할 수 있기 때문에 비용 및 과정을 최소화할 수 있습니다. 또한 스마트 디바이스(스마트폰, 태블릿 PC)를 통해 동기화하여 효과적으로 일정을 관리할 수 있습니다.

01 일정 보관과 검색이 간편합니다.

종이로 된 캘린더의 경우 물리적인 공간을 필요로 하며, 필요 시 찾고자 하는 정보를 쉽게 찾기 힘듭니다. 반면 구글 캘린더의 경우에는 수년 동안의 정보와 일정을 동기화를 통해  관리할 수 있으며 필요한 일정에 대한 검색과 수정, 추가가 간편합니다.

02 손쉽게 일정을 예약할 수 있습니다.

여러 사람의 캘린더를 겹쳐 놓고 언제 일정을 잡아야 할지 결정할 수 있으며, 구글 캘린더에서 초대장을 보내고 답장을 관리할 수 있기 때문에 기업 내 협업을 위한 가장 훌륭한 도구라고 할 수 있습니다. 또한 구글 캘린더는 지메일과 통합되기 때문에 메일 속에 있는 일정 자료를 캘린더 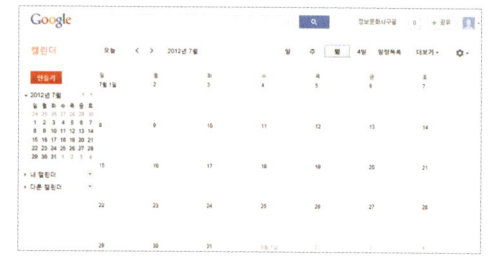 와 연동하여 관리함으로써 업무처리에 효과적입니다.

03 업무용 프로젝트 캘린더 공유가 가능합니다.

구글 캘린더는 회사 전체, 선택한 동료, 업무용 프로젝트별 캘린더를 그룹과 공유할 수 있습니다. 구글 캘린더는 공유 권한을 다양하게 제공하므로 보안 및 개인정보를 유지 관리할 수 있도록 돕고 있습니다. 특히 구글 캘린더를 공개용으로 게시할 수 있어 회사 일정을 홍보할 수도 있습니다.

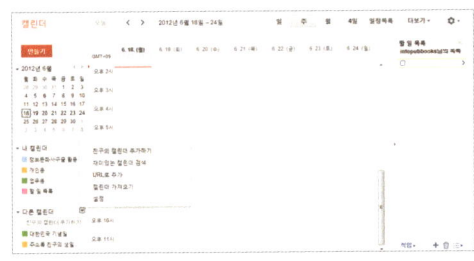

04 다양한 디바이스에서 접속하여 일정관리가 가능합니다.

안드로이드폰, 블랙베리, 아이폰, 태블릿 PC 등과 같은 다양한 스마트 디바이스를 통해 일정 확인과 수정이 가능하며 새 일정을 추가하고 참석자를 초대할 수 있습니다.

05 캘린더 알림기능을 이용하여 SMS나 메일로 일정을 통보 받을 수 있습니다.

구글 캘린더에서 회의 일정을 잡는 것을 잊었을 경우 스마트폰을 통해 일정을 잡을 수 있습니다. 캘린더 알림기능을 이용하여 SMS나 메일로 일정을 통보 받을 수 있습니다.

06 캘린더 일정에 첨부 파일을 추가할 수 있습니다.

캘린더 일정에 회의에서 필요한 파일을 첨부해 공유할 수 있습니다. 구글 드라이브에서 파일을 업로드할 수 있도록 해주는 실험적인 기능으로 앞으로 구글을 이용하는 데에 있어서 매우 유용하게 사용할 수 있을 것입니다.

07 자동 거부 기능을 사용할 수 있습니다.

휴가나 출장으로 인해 떠날 계획이 있거나 다른 중요한 약속이 있는 경우, 구글 캘린더 실험실의 [자동으로 일정 거부]를 통해 방해 받지 않고 처리할 수 있습니다.

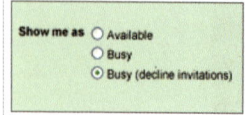

NOTE 구글 캘린더 단축키

- 일정 만들기 : ⓒ 키를 누릅니다.
- 일별 일정보기 : 숫자키 ①이나 ⓓ 키를 누릅니다.
- 월간 일정보기 : 숫자키 ③이나 ⓜ 키를 누릅니다.
- 오늘 일정보기 : ⓣ 키를 누릅니다.
- 주간 일정보기 : 숫자키 ②나 ⓦ 키를 누릅니다.
- 일정 설정보기 : ⓢ 키를 누릅니다.

Google
25
구글 캘린더 일정 등록하기

구글 캘린더에 일정을 등록하면 스마트 디바이스와 동기화를 통해 쉽게 일정을 관리할 수 있습니다. 간단하게 일정과 내용만 입력하거나 세부사항 등을 입력하여 작성할 수 있습니다. 장소, 참석자, 알림 기능 등을 추가 입력하면 개인 일정과 기업 스케줄 관리에 편리합니다.

01 구글 캘린더 실행하기

구글에 로그인한 후 상단의 메뉴바에서 [캘린더]를 선택합니다. [캘린더] 화면에서 스케줄을 등록할 날짜를 클릭합니다.

 오른쪽 상단에 있는 일, 주, 월, 4일을 선택해 레이아웃을 변경합니다.

02 일정 입력하기

팝업 창이 나오면 [내용]에 일정 이름을 입력하고, 세부적인 사항을 입력하기 위해 [일정 수정]을 클릭합니다.

 이대로 간단한 일정을 저장하려면 [일정 만들기]를 선택합니다.

03 세부 사항 입력하기

세부 일정을 입력하는 창이 나타나면 내용과 시간 등을 입력한 후에 저장합니다.

 [장소]는 구글 맵과 연동되어 지도로 나타납니다.

Google
26

일정 알림 설정하기

구글에서는 일정을 알려주는 서비스를 무료로 제공하고 있습니다. 그날의 일정 내용이나 일정 변경 사항을 문자, 이메일, 팝업 등의 형태로 제공합니다. 일반적으로 일정은 구글 캘린더에만 입력해 놓을 수 있지만 알림 기능을 통해 스케줄을 잊어버리지 않고 챙길 수 있습니다.

01 알림 추가하기

일정 설정 화면에서 [알림 추가]를 클릭합니다.

02 알림 선택하기

알림 방식을 선택하고, 시간을 선택합니다.

03 알림 확인하기

일정 알림 서비스를 통해 이메일이나 팝업, SMS로 일정 통보가 이루어집니다.

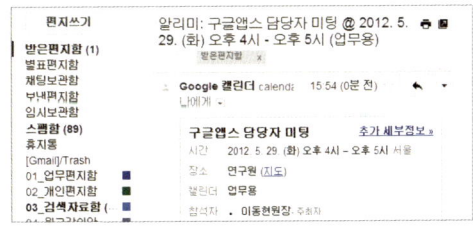

일정 알림 문자 받기

일정 알림을 문자로 받아볼 수도 있습니다. 컴퓨터를 사용하지 않고 있거나 이동하고 있을 때에 매우 유용한 기능입니다. 구글 캘린더에 일정을 등록했다고 무조건 일정을 통보받을 수 있는 것은 아닙니다. 일정을 통보받기 위해서는 자신의 단말기를 인증하고 알림이 필요한 일정에서 알림 설정을 해줘야 합니다.

01 캘린더 환경설정하기

[캘린더] 화면에서 환경설정 아이콘(⚙▾)을 클릭하고 [설정]을 선택합니다.

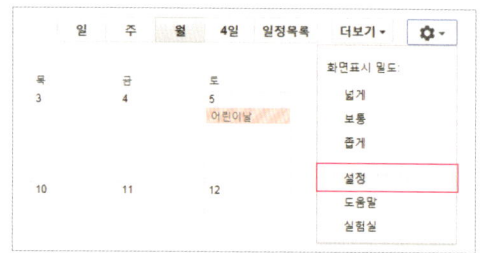

02 모바일 설정하기

[모바일 설정] 탭을 선택하여 모바일 창으로 이동합니다.

03 정보 입력하기

전화번호를 입력하고 인증코드를 받아 입력합니다. 저장을 눌러 설정을 저장하고 캘린더로 돌아갑니다.

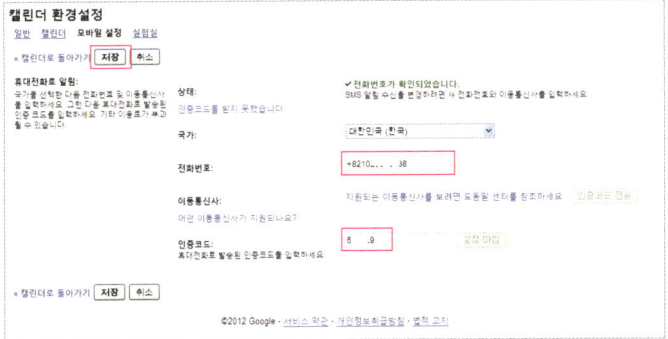

04 알림 방식 선택하기

일정 설정에 들어가면 알림 방식에 SMS가 새로 추가되었습니다. 원하는 방식과 시간을 선택합니다.

> **NOTE 일정 문자 알림**
>
> 알림 서비스를 설정하였다고 하더라도 모든 일정이 문자로 전달되지는 않습니다. 문자 메시지를 받고 싶을 경우나 메일로 일정을 통보 받고 싶은 경우에는 알림추가를 통해 일정을 통보받을 수 있습니다. 이메일과 팝업의 경우에는 해당하는 일정이나 시간에 메일과 팝업 형식으로 전달되며 SMS의 경우에도 동일하나 자신이 보유한 단말기(인증한 단말기)로 일정이 전달됩니다.

캘린더 만들기

구글 캘린더는 다수의 캘린더를 만들 수 있기 때문에 여러 가지의 일정을 등록해 놓을 수 있습니다. 예를 들면 개인 일정과 업무용 일정을 따로 만들어 사용할 수도 있고 업무 일정을 프로젝트별, 부서별 일정 등으로 나누어 관리할 수 있습니다. 각각의 캘린더에는 서로 다른 색을 지정하여 한눈에 일정을 파악할 수 있도록 합니다.

---

01 새 캘린더 만들기

화면 왼쪽의 캘린더 목록에서 [내 캘린더]의 화살표를 클릭하고 [새 캘린더 만들기]를 선택합니다.

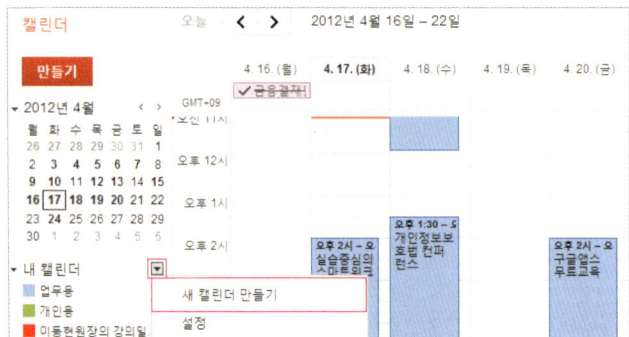

02 정보 입력하기

[캘린더 이름]과 [설명] 등 필요한 사항을 입력하고 [캘린더 만들기] 버튼을 클릭해 새로운 캘린더를 생성합니다.

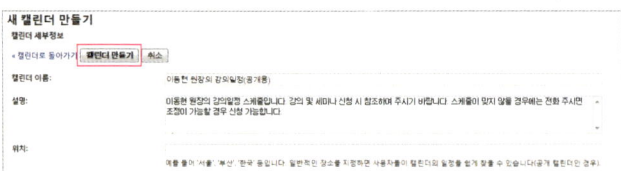

Google
29

캘린더 공유하기

구글 캘린더는 개인 일정 외에 기업 공식 일정, 부서별 일정 등을 전체 및 특정인들과 공유하도록 설정할 수 있습니다. 부서별 일정을 통해 부서내의 업무 진행 상황을 수시로 확인할 수 있으며 프로젝트 업무의 경우 직원들 상호간의 업무 현황을 파악할 수 있어 업무처리에 효과적입니다.

01 캘린더 설정 들어가기

공유하고자 하는 캘린더의 화살표를 누르고 [캘린더 설정]을 선택합니다.

02 캘린더 공개 설정하기

캘린더 설정 화면에서 상단의 [이 캘린더 공유하기] 탭을 선택합니다.

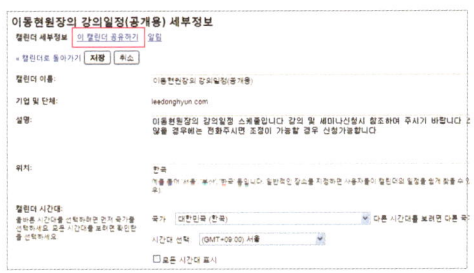

Part 2 스마트 워커의 업무처리 기술

69

03 공유 대상 설정하기

[캘린더를 공개로 설정]을 체크하고 세부 정보 공개 여부를 선택합니다.

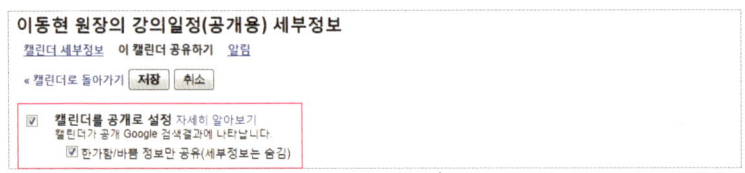

04 사용권한 지정하기

특정 사용자와 캘린더를 공유하고자 한다면 [사용자]에 이메일 주소를 입력하고, [사용권한 설정]에서 어떤 권한을 줄 것 인지를 정합니다.

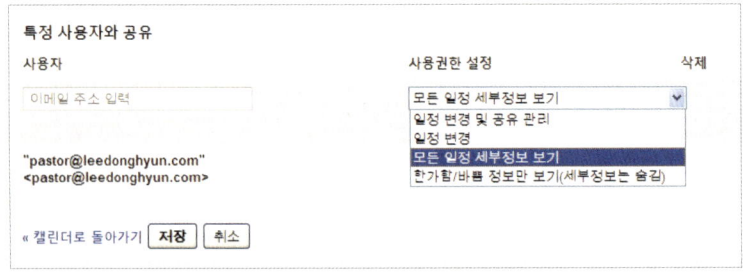

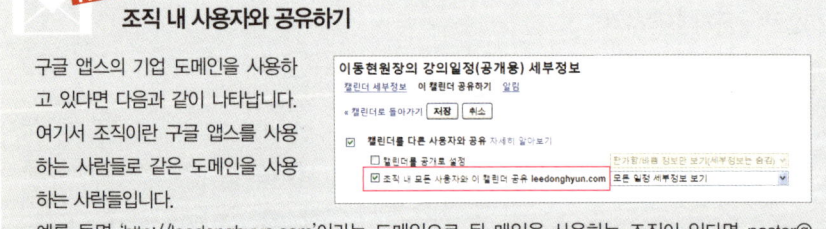

조직 내 사용자와 공유하기

구글 앱스의 기업 도메인을 사용하고 있다면 다음과 같이 나타납니다. 여기서 조직이란 구글 앱스를 사용하는 사람들로 같은 도메인을 사용하는 사람들입니다.

예를 들면 'http://leedonghyun.com'이라는 도메인으로 된 메일을 사용하는 조직이 있다면 pastor@leedonghyun.com, mail@leedonghyun.com, demo@leedonghyun.com 등이 이에 속합니다. 캘린더를 만든 사람이 해당 부서의 사람들이나 업무와 관련된 사람들과 일정을 공유하는 기능입니다.

Google
30

캘린더 가져오기

구글 캘린더를 사용하는 목적은 크게 두 가지가 있습니다. 하나는 개인적인 일정 관리를 쉽게 하기 위해서이고 또 하나는 팀원 간의 일정을 공유하기 위해서입니다. 구글 캘린더에서는 팀원 간의 스케줄을 일일이 전화나 구두로 확인하지 않고도 미팅이나 회의 등을 효과적으로 진행할 수 있도록 스케줄을 공유할 수 있습니다.

01 추가할 캘린더 설정하기

[다른 캘린더]의 화살표를 선택하고 어떤 캘린더를 가져오고자 하는지 선택합니다.

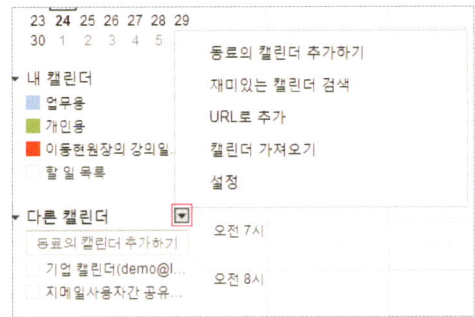

02 세부정보 설정하기

추가한 캘린더의 세부정보를 설정합니다.

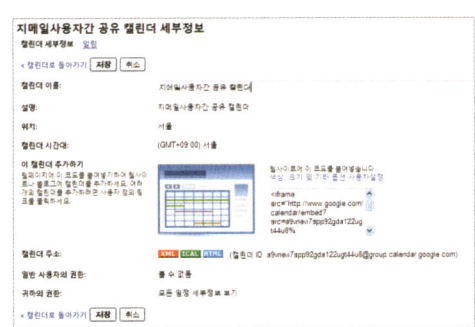

Google
31

캘린더 복사하기

컴퓨터에서는 내 캘린더, 다른 캘린더 모두 활성화하여 볼 수 있지만 스마트폰이나 특정 단말기에서는 모든 캘린더를 한 번에 확인할 수 없는 경우가 있습니다. 이런 경우를 대비하여 다른 캘린더의 일정을 내 캘린더에 복사해 두면 편리합니다.

01 캘린더 선택하기

복사해 놓고자 하는 다른 사람의 공유 캘린더 일정을 클릭합니다.

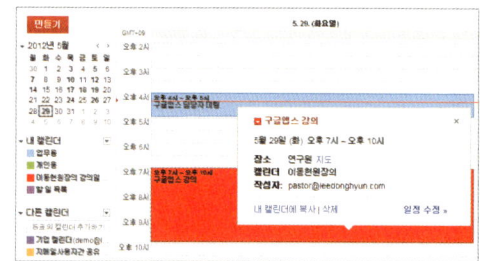

02 캘린더 복사하기

팝업 창에서 [내 캘린더에 복사]를 선택합니다.

> **Tip** 일정을 통합 관리할 때 캘린더가 복잡하게 여겨진다면 각각의 캘린더를 클릭해 비활성화 시킵니다. 이렇게 하면 필요한 일정만 확인할 수 있습니다.

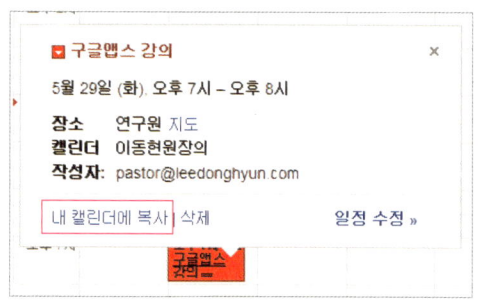

32 미팅 일정잡기

일정이 공유되어있는 상대방에게 초대장을 보내어 미팅이나 회의를 진행할 수 있습니다. 참석자와 일정을 공유하여 업무를 효과적으로 처리할 수 있도록 합니다. 일정 등록 시 참석자를 추가하여 협업하는 방법에 대해 알아보도록 하겠습니다.

01 일정 작성하기

[캘린더] 화면에서 [만들기]를 클릭하고 일정을 작성합니다.

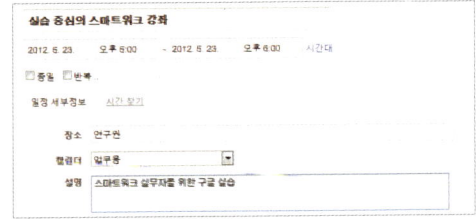

02 참석자 추가하기

[참석자 추가]에 미팅에 참석할 사람의 메일 주소를 입력하고 권한을 설정합니다. [추가] 버튼을 클릭하면 [참석자] 목록에 해당 인물이 추가됩니다. 초대장을 발송하기위해 [참석자에게 이메일 보내기]를 클릭합니다.

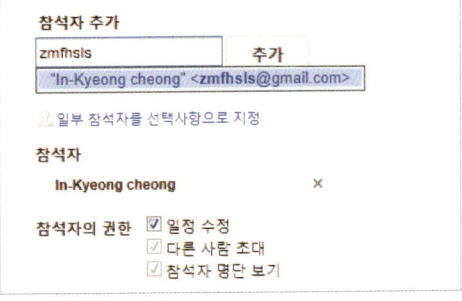

03 초대장 보내기

[메시지]에 내용을 입력하고 [보내기]를 클릭해 발송합니다.

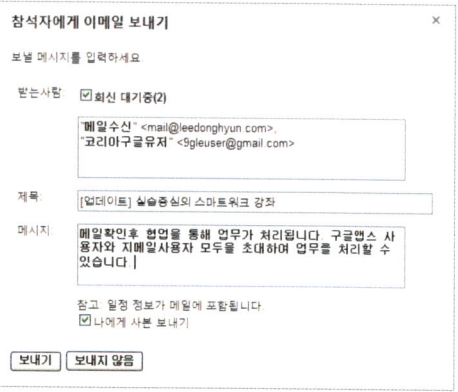

> **NOTE 외부 참석자 초대하기**
>
> 구글 앱스를 사용할 경우 기업 내의 사람이 아닌 지메일 사용자와 일정을 공유한다면 외부 참석자로 인식합니다. 초대장을 보내겠느냐는 질문이 나오면 [외부 참석자 초대]를 클릭합니다.
>
>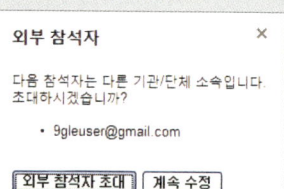

Google
33
구글 할 일 목록 관리하기

구글 할 일 목록 관리를 통해 지금 해야 할 일과 나중에 해야 할 일을 정하여 처리할 수 있습니다. 구글 할 일 목록은 간단하게 등록할 수 있고, 클릭 한 번으로 완료한 일을 체크할 수 있습니다. 특히 업무용 메일을 사용하다보면 메일 내용 중에 특정 기간 내에 해야 할 일들이 포함되어 있는 경우가 많은데, 구글의 할일 목록은 그런 일들을 온라인에서 바로 처리할 수 있도록 도와줍니다. 할 일 목록과 캘린더가 연동되기 때문에 매우 편리합니다.

01 할 일 목록 창 열기

[Gmail] 화면에서 [Gmail]을 클릭하고 [할 일 목록]을 선택합니다.

02 할 일 목록 입력하기

화면 하단에 [할 일 목록] 창이 나타납니다. + 아이콘을 눌러 할 일을 추가합니다.

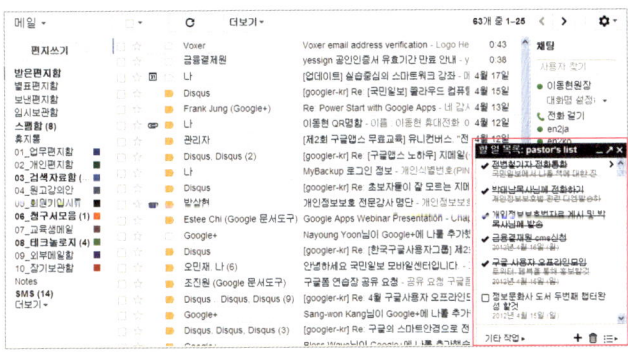

03 세부 사항 기록하기

정보를 입력하고 [목록으로 돌아가기]를 클릭합니다.

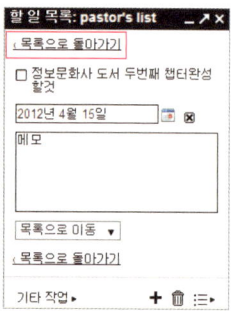

04 할 일 목록 삭제하기

목록 하단에 있는 휴지통 아이콘을 클릭하여 할 일을 삭제할 수 있습니다.

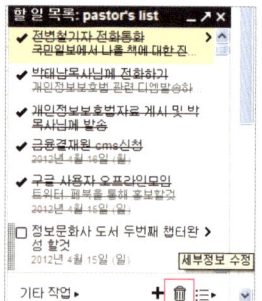

05 할 일 목록 보내기

목록 하단의 [기타 작업]을 클릭하면 할 일 목록을 이메일로 보내거나 인쇄할 수 있습니다.

 이메일로 할 일 목록을 보내거나, 할 일들을 인쇄하여 책상 위에 붙여 놓는 방식으로 업무를 효과적으로 처리할 수 있습니다.

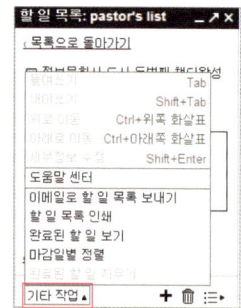

06 캘린더와 연동하기

지메일에서 작성한 할 일 목록을 캘린더에서 확인할 수 있으며, 반대로 캘린더에서 작성한 할 일 목록 역시 지메일과 연동되므로 언제든지 확인할 수 있습니다.

> **NOTE 스마트폰에서 할 일 목록 확인하기**
>
> 아이폰이나 안드로이드폰의 기본 앱에서는 할 일 목록을 확인할 수 없습니다. 앱스토어에서 'gTask' 등의 TODO 앱을 다운로드받아 확인합니다.

Google
34

인터넷이 연결되지 않는 곳에서 일정 관리하기

구글 기어스는 오프라인 상태에서도 구글 캘린더를 사용할 수 있도록 해주는 프로그램입니다. 구글 캘린더의 모든 기능을 사용할 수는 없지만 급하게 일정을 확인해야 하는 상황에서는 유용하게 사용할 수 있습니다. 구글 기어스는 인터넷이 연결되어 있지 않을 때에도 스케줄을 확인할 수 있다는 장점이 있습니다.

01 오프라인 설정하기(구글 크롬 브라우저)

[캘린더] 화면에서 환경설정 아이콘(✿▾)을 클릭하고 [오프라인]을 클릭합니다.

02 캘린더 사용 설정하기

[오프라인에서 Google 캘린더 사용] 대화상자가 나타나면 [사용]을 클릭합니다.

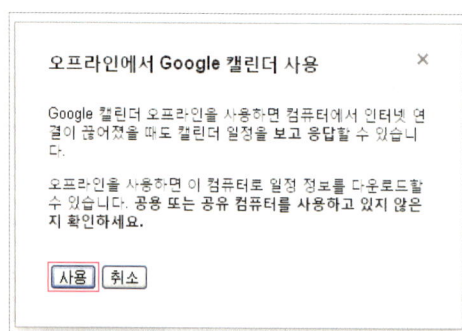

03 동기화하기

오프라인에서 구글 캘린더를 확인할 수 있도록 동기화 작업이 시작됩니다. 동기화가 완료되면 [오프라인 설정]을 클릭합니다.

04 저장하기

[캘린더 환경설정] 화면에서 [오프라인으로 사용가능]을 확인한 후 하단에 있는 [저장]을 클릭합니다.

Google
35

아이폰에서 구글 캘린더 일정 수정하기

구글 캘린더와 아이폰을 동기화하면 웹 캘린더의 일정과 아이폰의 일정이 연동됩니다. 연동된 일정은 편집과 저장이 가능하며 언제 어디서나 웹 캘린더에 저장된 일정을 확인할 수 있습니다.

01 캘린더 실행하기

아이폰에서 캘린더를 실행하고 수정할 일정을 선택합니다.

02 이벤트 편집하기

[이벤트 세부사항] 화면에서 오른쪽 상단에 있는 편집을 선택하고 다양한 세부 일정을 수정합니다. 수정사항은 바로 동기화됩니다.

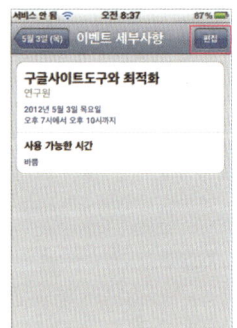 

Google
36
아이폰, 아이패드를 통해 할 일 목록 관리하기

지메일에서 할 일 목록을 만든 후 스마트 디바이스를 통해 언제 어디서나 확인할 수 있습니다. 지메일에서 할 일 목록을 만들거나 삭제, 확인하면 동기화를 통해 자신의 할 일 목록을 점검할 수 있어 편리합니다.

01 실행하기

앱스토어에서 "gtask"를 검색해 기기에 설치합니다. 설치된 앱을 실행하고 구글 할 일 목록과 동기화합니다. [Add Account]를 클릭하여 구글 아이디와 패스워드를 입력합니다.

 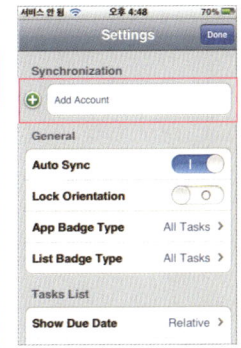

02 리스트 확인하기

아이폰에서 'gTask HD' 리스트에 있는 할 일 목록들을 확인합니다.

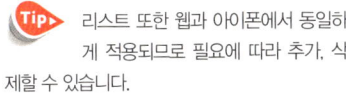 리스트 또한 웹과 아이폰에서 동일하게 적용되므로 필요에 따라 추가, 삭제할 수 있습니다.

 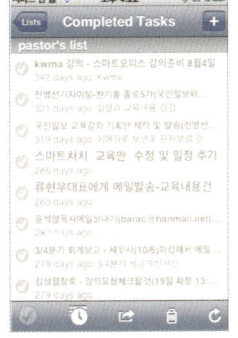

Google
37

아이폰에서 추가된 다수의 구글 캘린더 세팅하기

아이폰과 안드로이드폰에서 구글 캘린더를 사용하는 데에는 별 차이가 없습니다. 그러나 2개 이상의 캘린더를 사용하고자 할 경우에는 약간의 차이가 있습니다. 안드로이드 운영체제를 구글이 만들었다는 점은 안드로이드폰이 구글에 가장 최적화되어 있다는 의미이며 안드로이드폰이나 안드로이드 태블릿 PC에서는 별도의 세팅 없이도 바로 사용할 수 있습니다. 아이패드의 경우 캘린더의 추가하려면 비공개 CAL을 설정해 주어야 하고, 아이폰 역시 별도의 설정 단계를 거쳐야 합니다.

---

01 구글 캘린더 세팅하기

구글 캘린더에서 업무용 캘린더를 만든 후 캘린더의 설정 메뉴로 들어가 비공개 주소인 iCAL을 클릭합니다. 긴 URL 주소가 나옵니다.

02 아이폰 설정하기

업무용 캘린더를 추가하기 위해 아이폰 [설정]에서 [Mail, 연락처, 캘린더]로 들어가 [기타]를 선택합니다.

03 확인하기

[구독 캘린더 추가]를 선택하고 URL을 입력합니다. 모든 설정이 완료되어 개인 캘린더와 업무용 캘린더를 아이폰에서 동시에 볼 수 있습니다.

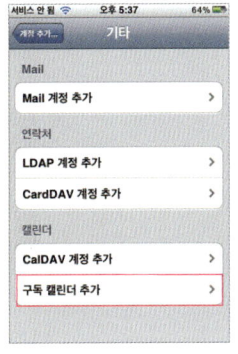
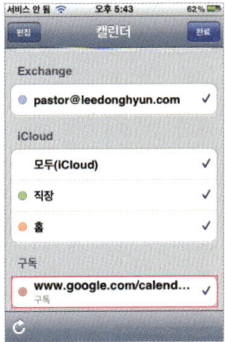

Part 2 스마트 워커의 업무처리 기술

Google
38
안드로이드폰에서 다수의 구글 캘린더 세팅하기

안드로이드는 구글에서 만든 스마트폰이므로 아이폰보다 계정 설정이 쉽습니다. 안드로이드폰 사용자가 소유한 구글 계정을 통해 정보가 동기화되며 추가된 캘린더의 경우에도 추가 후 활성화만 해주면 바로 사용할 수 있다는 장점을 가지고 있습니다. 물론 구글 앱스 사용자의 경우에도 동일하게 적용됩니다. 안드로이드폰에서 제공하는 개인 캘린더에 업무 캘린더, 교육 캘린더, 가족 캘린더를 추가할 수 있습니다.

01 환경설정 접속하기

안드로이드폰에서 [환경설정]을 선택합니다.

02 계정 및 동기화 접속하기

[계정 및 동기화]를 클릭하고 [계정 추가]를 선택합니다.

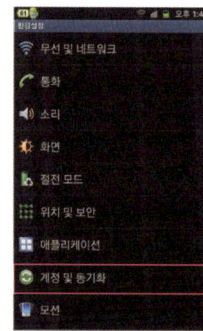 

03 구글 계정 추가하기

[계정 추가] 하단에 있는 [기타 계정]에서 [Google]을 선택하고 [다음]을 눌러 진행합니다.

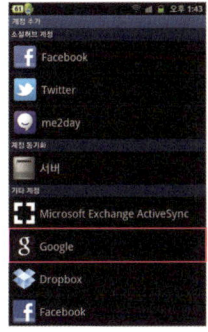 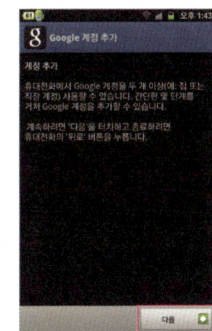

04 로그인하기

구글 계정을 이미 갖고 있기 때문에 [로그인]을 선택하고, 아이디와 비밀번호를 입력해 로그인합니다.

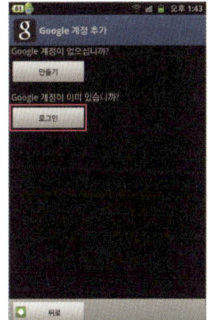 

05 동기화 내용 추가하기

로그인하면 전화번호부 동기화, 지메일 동기화, 피카사 웹 앨범, 문서도구 동기화, 구글 리더 동기화 등을 체크하여 동기화 할 수 있습니다.

 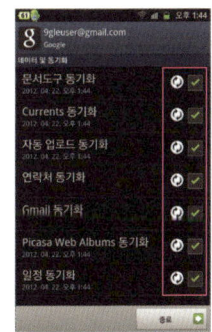

Google
39

구글 토크 사용하기

구글 토크는 네이트온과 같은 메신저로 실시간으로 채팅을 주고받을 수 있도록 해주는 서비스입니다. 내 컴퓨터에 설치하거나 웹을 통해 사용할 수 있으며 모바일 기기에서도 이용 가능합니다. 특히 웹에서는 지메일 화면에서 곧바로 사용할 수 있다는 장점을 지니고 있습니다. 텍스트, 음성, 영상 채팅을 사용자가 선택적으로 사용할 수 있고 대화한 내용이 지메일에 별도로 저장되기 때문에 대화기록을 남길 수 있습니다. 특히 구글 토크와 함께 구글 통역기를 사용하면 전세계 언어를 통역까지 해주어 업무를 효과적으로 처리할 수 있습니다.

01 설치 없이 지메일에서 이용이 가능합니다.

사용법은 기본적인 채팅과 동일하며, 광고가 없으며 대화중심으로 이루어졌기 때문에 사용시 시스템에 영향을 미치지 않습니다. 음성통화와 영상통화가 필요하다면 웹 브라우저에 플러그인을 별도로 설치하면 됩니다.

02 대화 내용이 메일처럼 저장되어 언제든지 확인 가능합니다.

구글 토크에서는 대화내용이 지메일에 대화기록으로 저장됩니다. 업무적인 일이든 개인적인 대화 내용이든 모든 내용이 기록으로 남아 필요시 찾아 확인할 수 있습니다.

Google
40
구글 토크를 사용하는 세 가지 방법

구글 토크를 사용하는 방법에는 세가지가 있습니다. 자신에게 가장 편리한 방식으로 선택해 사용하면 됩니다.

- **웹 기반으로 구글 토크하기**

어떤 운영체제에서도 사용이 가능하고 별도의 프로그램을 설치할 필요가 없습니다. 단 일반 메신저처럼 직접 파일을 보낼 수 없고 지메일에 접속되어 있어야 사용이 가능하다는 단점이 있습니다.

- **데스크탑으로 구글 토크하기**

파일을 주고받을 수 있으며 언제나 친구들의 접속 상태를 확인할 수 있지만 PC에서만 가능합니다.

- **스마트 디바이스를 통해 구글 토크하기**

자신이 보유한 안드로이드 단말기에 기본 설치된 구글 토크를 통해 대화할 수 있습니다. 단말기에 따라 문자만 제공하는 단말기도 있지만 최근에 나오는 단말기들은 영상, 음성, 문자들을 동시에 지원하고 있습니다.

Google
41

웹에서 구글 토크 사용하기

웹 기반 구글 토크는 윈도우 뿐만 아니라 맥에서도 사용할 수 있으며, 익스플로러, 크롬 등의 브라우저에서 별도의 프로그램을 설치하지 않고도 사용이 가능합니다. 필요에 따라 영상통화 플러그인만 설치하면 음성통화와 영상통화도 무료로 즐길 수 있습니다.

01 친구 초대하기

지메일 화면 오른쪽 하단의 [채팅]을 누르고 빈칸에 채팅하고 싶은 사람의 이메일 주소를 입력한 뒤 [초대하기]를 선택합니다. 초대를 받은 사람이 수락하면 채팅 상대 목록에 나타나게 됩니다.

02 접속 상태 확인하기

대화상대로 등록되면 상대방의 접속 상태를 알 수 있습니다. 이름 앞에 초록색 아이콘이 나타나면 상대가 지금 채팅이 가능하다는 것을 의미하며 카메라 모양은 영상 채팅, 안드로이드 모양은 스마트폰용 구글 토크를 의미합니다.

03 채팅하기

채팅 상대를 선택해 채팅을 시작합니다. 채팅 창은 현재 페이지 오른쪽 하단에 레이어 형태로 나타납니다.

 채팅 창 오른쪽의 화살표를 클릭하면 전체화면으로 채팅을 즐길 수 있습니다.

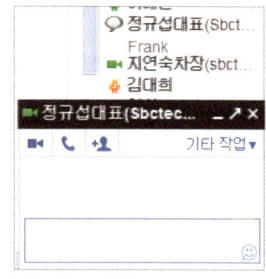

04 영상통화하기

웹용 영상통화 플러그인을 설치했다면 컴퓨터의 스피커와 마우스를 이용해서 음성통화, 영상통화를 할 수 있습니다.

05 대화 끝내기

채팅이 끝나면 채팅 창의 X를 클릭해 종료합니다.

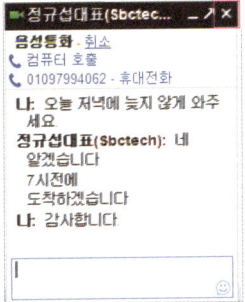

06 저장하기

대화한 내용을 확인하고자 한다면 채팅 상대 목록에서 상대방을 클릭하고 [영상채팅 및 기타기능]을 클릭한 후 [최근 대화]를 선택합니다.

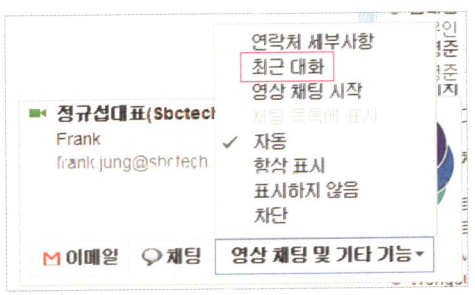

Google
42

스마트폰에서 구글 토크 사용하기

스마트폰에서 구글 토크를 사용하면 메신저 기능 이외에도 무료 음성통화, 무료 영상통화가 가능하기 때문에 멀리 있는 직원들과 유기적으로 업무를 처리하는 데에 유리합니다. 하지만 사용자들의 단말기나 내장 카메라에 의해 무료 영상통화가 불가능할 수도 있습니다.

01 구글 토크 실행하기
스마트 디바이스에서 [Talk] 앱을 실행시킵니다.

02 친구 등록하기
처음 구글 토크를 실행하면 구글 계정 주소록에 등록된 모든 사람이 등재되어 있습니다. 계정과 연동이 되어있기 때문에 주소록에 친구를 추가하면 자동으로 구글 토크에 등록됩니다.

03 친구 추가하기

새로 친구를 추가하려면 [친구 추가]를 눌러 입력합니다. 입력한 정보는 주소록과 구글 토크에 동시에 등록됩니다.

04 대화하기

대화할 사람을 친구 리스트에서 선택하면 채팅 창이 나타납니다. 메시지를 입력하여 전송하면 바로 전달되며 영상, 음성, 텍스트 중 사용자의 상황에 맞게 선택하여 사용할 수 있습니다.

 텍스트로 대화 중이라도 오른쪽 상단에 있는 카메라 모양 아이콘을 클릭하면 영상통화로 전환됩니다.

Google
43

구글 토크로 외국인과 대화하기

구글 토크의 대화 기능과 구글 번역기의 번역 기능을 이용하여 외국인과 힘들지 않게 대화를 시도해 볼 수 있습니다. 구글 토크를 이용하여 외국인과 대화를 하고자 할 경우 동시 통역사의 메일 주소를 넣어주면 되는데 각각의 이름 뒤에 @bot.talk.google.com을 붙여주면 됩니다. 예를 들면 한국어를 영어로 통역해야 한다면 ko2en@bot.talk.google.com을 입력해 한영 통역사를 불러오고, 영어를 한국어로 통역할 때는 en2ko@bot.talk.google.com을 입력해 영한 통역사를 불러와 대화를 할 수 있습니다. 대화 중 모르는 단어가 있는 경우에는 사전을 불러와 사용할 수도 있습니다.

- en2ko.dict@bot.talk.google.com : 영한 사전
- ko2en.dict@bot.talk.google.com : 한영 사전
- en2ko@bot.talk.google.com : 영한 번역기
- ko2en@bot.talk.google.com : 한영 번역기

01 외국인 초대하기

지메일 채팅창에 등록된 외국인을 초대합니다.

02 친구 추가하기

채팅 상대로 등록한 사용자는 제한 없이 불러와서 사용할 수 있으며 그룹 대화도 가능합니다. 채팅창 상단의 [초대]를 통해 친구들의 이름을 선택하여 추가합니다.

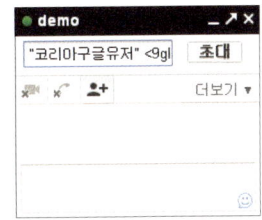

03 통역사 초대하기

외국인이므로 통역사가 필요합니다. 채팅 하단에 통역사들의 이름을 넣고 채팅에 초대 합니다.

04 외국인과 대화하기

영어을 사용하는 외국인이 영어로 말하면 한글로 번역되어 사용자에게 전달되고 한국어로 말하면 영어로 전달됩니다.

> **NOTE**
> **Languages Bots**
>
> 구글번역기 리스트에 있는 봇을 추가하면 외국인과 대화할 수 있습니다. 외국인이 사용하는 언어와 통역봇을 각각 설치해 주세요(http://goo.gl/JhBD5).
>
> - Arabic - English ar2en@bot.talk.google.com/en2ar@bot.talk.google.com
> - Bulgarian - English bg2en@bot.talk.google.com/en2bg@bot.talk.google.com
> - Czech - English cs2en@bot.talk.google.com/en2cs@bot.talk.google.com
> - Danish - English da2en@bot.talk.google.com/en2da@bot.talk.google.com
> - German - English de2en@bot.talk.google.com/en2de@bot.talk.google.com
> - German - French de2fr@bot.talk.google.com/fr2de@bot.talk.google.com
> - Greek - English el2en@bot.talk.google.com/en2el@bot.talk.google.com
> - Spanish - English es2en@bot.talk.google.com/en2es@bot.talk.google.com
> - Finnish - English fi2en@bot.talk.google.com/en2fi@bot.talk.google.com
> - French - English fr2en@bot.talk.google.com/en2fr@bot.talk.google.com
> - Hindi - English hi2en@bot.talk.google.com/en2hi@bot.talk.google.com
> - Croatian - English hr2en@bot.talk.google.com/en2hr@bot.talk.google.com
> - Italian - English it2en@bot.talk.google.com/en2it@bot.talk.google.com
> - Japanese - English ja2en@bot.talk.google.com/en2ja@bot.talk.google.com
> - Korean - English ko2en@bot.talk.google.com/en2ko@bot.talk.google.com
> - Dutch - English nl2en@bot.talk.google.com/en2nl@bot.talk.google.com
> - Norwegian -Englishno2en@bot.talk.google.com/en2no@bot.talk.google.com
> - Polish - English pl2en@bot.talk.google.com/en2pl@bot.talk.google.com
> - Portuguese -Englishpt2en@bot.talk.google.com/en2pt@bot.talk.google.com
> - Romanian - English ro2en@bot.talk.google.com/en2ro@bot.talk.google.com
> - Russian - English ru2en@bot.talk.google.com/en2ru@bot.talk.google.com
> - Swedish - English sv2en@bot.talk.google.com/en2sv@bot.talk.google.com
> - Chinese - English zh2en@bot.talk.google.com/en2zh@bot.talk.google.com
> - Traditional Chinese - Englishzh-hant2en@bot.talk.google.com/en2zh-hant@bot.talk.google.com
> - Traditional Chinese - Chinesezh-hant2zh@bot.talk.google.com/zh2zh-hant@bot.talk.google.com

Google
44
캘린더 일정에 첨부 파일 추가하기

미팅이나 회의를 위해 업무와 관련된 관련 문서 파일들을 첨부 파일로 주고 받는 경우가 많습니다. 메일로 일정을 통보하고 수합하여 일정이 확정되면 다시 정리된 일정과 함께 회의에 필요한 관련 서류를 첨부 파일로 보내는 경우입니다. 그러나 구글 캘린더에서는 회의에 참석할 사람들을 초대하여 일정을 구글 캘린더에서 조정하게 하거나, 회의에 필요한 파일들을 첨부하여 캘린더에서 바로 다운로드받을 수 있도록 지원하고 있습니다.

01 일정 만들기

[캘린더] 화면에서 [만들기]를 클릭합니다.

02 상세 내용 입력하기

일정 제목, 장소, 날짜 등의 상세 정보를 입력합니다.

03 참석자 설정하기
참석자와 참석자 권한을 설정합니다.

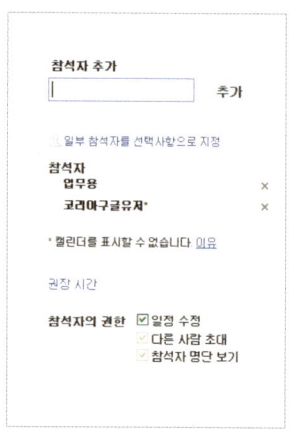

04 파일 첨부하기
[첨부 파일 추가]를 클릭하여 파일을 첨부합니다.

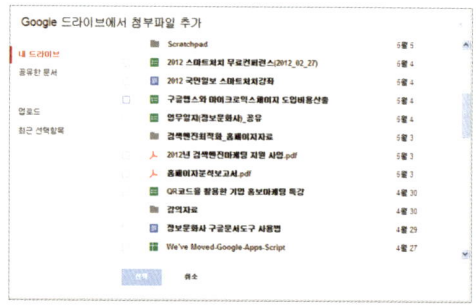

> **NOTE**
> ### 자신의 주민등록번호 유출시 삭제방법(http://goo.gl/G3vJA)
>
> 자신의 주민등록번호가 유출되어 구글 검색 엔진에 검색되어지고 있는지 궁금하다면 Kisa 홈페이지를 통해 확인 가능합니다. (http://clean.kisa.or.kr/mainList.do) 만약 주민등록번호가 구글링하여 검색되어 진다면 구글에서 제공하는 서비스를 통해 해결할 수 있습니다.

< 웹 검색   도움말 홈   지원 문의하기

도움말 홈

검색결과에 내 주민등록번호 또는 정부 ID 번호가 나타납니다

주민등록번호 또는 정부 ID 번호가 Google 웹 검색결과에 포함된 페이지에 나타나는 경우 Google이 조사할 수 있도록 요청된 정보를 아래에 입력하세요. 일반적으로 5 영업일 이내에 연락드립니다.

삭제 요청이 이 카테고리와 일치하지 않는 경우에는 웹페이지 제거 요청 도구로 돌아가서 요청에 해당되는 삭제 유형을 선택하세요.

이름(최대 50자) *

이메일 주소 *

번호를 표시하는 웹페이지의 URL *

주민등록번호나 국가 발급 신분증을 표시하는 Google 검색결과 페이지의 URL *

사이트에 나타나는 주민등록번호 또는 정부 ID 번호의 마지막 네 자리 수 *

양식 사용 방법에 대한 질문은 도움말 포럼에 게시하세요.

[제출]   * 필수 입력란

번호를 표시하는 웹 페이지, 주민등록번호를 표시하는 구글 검색 결과 페이지 URL주소는 자신의 주민등록번호가 유출된 원본 페이지와 검색 결과 페이지입니다. 입력 후 [제출]을 클릭합니다.

Column

스마트폰을 사무실의 키폰처럼!

기업들은 키폰을 통해 전화 업무를 효과적으로 처리하고 있습니다. 사무실 내에 설치된 여러 전화끼리 내선 통화를 하거나 외부에서 걸려온 전화를 서로 돌려받을 수 있는 기능이 키폰(Keyphone)입니다. 그러나 이러한 시스템을 구축하려면 해당 건물 내에 각 전화기들을 중앙에서 통제하는 구내교환기(PBX)를 설치하고 각 전화기를 잇는 망도 구축해야합니다. 설치 과정이 복잡하고 초기 비용이 많이 들며 교환기에 연결된 전화끼리만 내선 통화가 가능합니다. 특히 같은 회사끼리라도 다른 건물에 설치한 전화기, 혹은 직원의 휴대전화와 통화하려면 통화요금을 지불해야 합니다. 그러나 삼성이나 엘지의 070 인터넷전화와 스마트폰을 함께 이용하면 키폰처럼 사용할 수 있습니다.

1 | 인터넷전화 070 서비스에 가입합니다.

삼성 070, LG 070 등 해당 서비스에 가입해야 인터넷전화 서비스를 이용할 수 있습니다. LG 070의 경우에는 해당 앱을 설치하면 가능하지만 삼성 070의 경우에는 SIP을 지원하는 다양한 앱을 통해 설정이 가능합니다. 이제 스마트폰에서 앱스토어에 접속해 'NetDial'을 설치합니다.

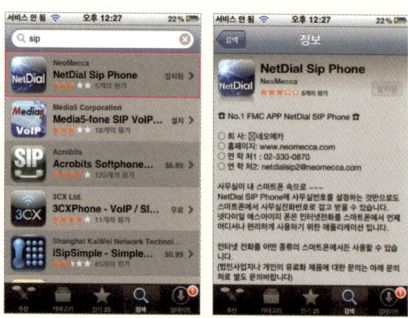

> **NOTE** 삼성 070 전화 설정값
>
> 삼성 070 인터넷 전화를 스마트폰에서 사용하고자 한다면 다음 설정값을 넣어주면 됩니다. Domain은 samsung070.com으로 하고, 프록시 서버는 proxy.samsung070.com로 설정하며 Username은 본인의 070 전화번호로, Password는 본인의 070 패스워드로 설정하면 됩니다.

Column

2 | 환경설정하기

앱 설치 후 스마트폰에서 인터넷 전화를 사용할 수 있도록 설정해야 합니다. LG 070, 삼성 070 모두 해당 업체에서 제공하는 앱을 설치할 경우에는 아이디와 비밀번호만 넣으면 자동으로 설정되어 전화통화가 가능합니다. SIP 앱을 사용할 경우 다양한 기능을 함께 사용할 수 있어 편리합니다.

3 | 전화걸기와 받기

스마트폰에 설치된 앱을 통해 사내전화로 통화하거나, 외근하는 직원들과 저렴하거나 무료로 전화통화가 가능합니다. 키패드로 전화번호를 입력하고 SIP을 클릭하거나 최근 통화를 통해 전화를 걸 수 있습니다. 주소록은 스마트폰에 저장된 연락처와 같습니다.

4 | 070 전화의 장점

삼성 070과 엘지 070 등 기업용 전화의 핵심은 스마트 센트릭스 서비스로, 070 전화와 스마트폰의 특성을 결합, 별도의 구내교환기 설치 없이 키폰 환경을 구축할 수 있어 세계 어디든지 내선 통화, 돌려주기, 당겨받기 등의 기능이 가능합니다. 삼성과 엘지의 경우 전용 앱을 설치하여 스마트폰을 070 전화처럼 사용할 수 있으며 스마트폰과 사내 070 전화 사이에 무료 전화와 부가서비스까지 사용할 수 있습니다. 이로 인해 외근하는 직원과 사무실, 지역이 다른 사무실내과의 전화요금 절감 효과를 가지고 옵니다. 스마트폰이 내선 전화기 역할을 하게되면 통신 환경에 의해 많은 영향을 받을 수 있지만 와이파이존의 경우에는 기존의 유선전화처럼 끊김 없는 통화 음질로 사용할 수 있습니다. 단, 3G나 LTE의 경우에는 음질에 영향을 받을 수 있습니다.

Google

PART 3

스마트 워커들의
문서 작성 기술

앞에서 스마트 워크를 위해 준비해야 할 기본적인 구글 기능에 대해 알아보았습니다. 지메일을 통해 소통하고, 캘린더를 통해 스케줄을 정리해 보았으니 이젠 본격적으로 문서 작성에 대해 살펴봅시다. 컴퓨터뿐만 아니라 다양한 스마트 디바이스들을 통해 문서를 작성하고 수정할 수 있습니다. 작성한 문서는 클라우드를 이용하여 팀원들과 공유하기도 하지요. 언제 어디서나 같은 문서를 볼 수 있다는 점이 가장 큰 장점입니다. 구글에서 문서 기능을 담당하고 있는 구글 드라이브는 워드, 엑셀, 파워포인트, 이미지, PDF 파일 등 다양한 포맷을 지원하고 있습니다.

Google
45

구글 드라이브의 장점들

구글 문서도구를 사용하면 컴퓨터에 따로 프로그램을 설치하지 않고도 언제 어디서나 문서, 스프레드시트, 프리젠테이션 등의 기능을 무료로 사용할 수 있습니다. 특히 스마트폰과 연동되기 때문에 별도의 모바일 오피스를 구축하지 않아도 된다는 장점이 있습니다.

01 팀 작업에 제격인 협업 기능

구글 드라이브는 팀원들과 협업을 통해 문서 작업을 할 수 있다는 장점을 가지고 있습니다. 다른 사용자와 함께 실시간으로 문서를 편집하며 문서 버전을 확인하여 누가 어떤 수정을 가했는지 확인할 수 있습니다. 또한 문서에 문제가 생겼을 때에도 쉽게 복원할 수 있습니다.

02 다양한 포맷 지원

구글 드라이브에서 지원하는 오피스 포맷은 DOC, XLS, ODT, RTF, CSV, PPT, PPTX 등이며 업로드와 다운로드가 가능합니다. 최근 구글 드라이브에서는 기존의 파일 외에도 압축 파일, 한글 문서 파일까지 업로드 및 다운로드할 수 있도록 지원하고 있습니다.

Google 46

구글 드라이브 문서 만들기(워드)

구글 드라이브에서 작성할 수 있는 [문서]는 워드 프로세서를 말하며 마이크로소프트 오피스의 워드 기능을 사용할 수 있습니다. 인터넷이 연결되어 있는 상태에서는 언제든지 문서를 작성할 수 있으며, 다른 사람들과 동시에 작성하고 수정할 수 있습니다. 이런 기능을 이용하면 협업에 매우 유리한 도구가 되어줄 것입니다.

01 구글 드라이브 시작하기

[Gmail] 화면에서 상단 메뉴 바의 [드라이브]를 선택해 구글 드라이브에 접속합니다.

02 문서 만들기

왼쪽 메뉴에서 [만들기]를 클릭하고 [문서]를 선택합니다.

03 문서 제목 지정하기

문서 작성 화면에서 상단의 [제목 없음] 텍스트를 클릭하고 새 문서의 제목을 지정해줍니다.

04 문서 공개 여부 설정하기

오른쪽 상단의 [공유]를 클릭하면 문서의 공유 설정을 변경할 수 있습니다.

05 사용자 추가하기

문서를 공유할 친구들의 메일 주소를 입력해 추가할 수도 있고 연락처 목록에서 선택할 수도 있습니다.

06 문서 작성하기

기존의 워드프로세스와 동일한 방식으로 서체, 크기, 색, 글머리기호, 도구상자 등을 활용하여 문서를 작성합니다.

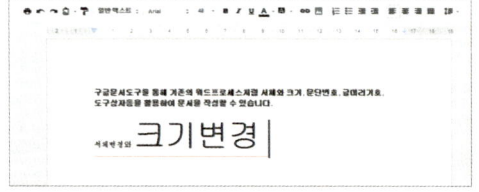

Google
47
구글 워드로 문서 꾸미기

마이크로소프트 오피스의 워드나 한글과 컴퓨터의 아래 한글처럼 구글 문서는 문서에 이미지, 메모, 표 등을 삽입할 수 있습니다. 이외에도 링크, 등식, 각주, 특수 문자 등을 넣을 수 있어 기존의 워드 프로세서 못지않은 문서를 작성할 수 있습니다.

01 이미지 삽입하기

상단 메뉴의 [삽입]을 클릭하면 이미지를 삽입할 수 있고 문서에 링크를 걸거나 이메일 주소, 북마크 등을 삽입할 수 있습니다.

02 메모 삽입하기

문서작업 시 공동 작업자와 상의하고 싶은 다른 의견이 있는 경우, [삽입]에서 [메모]를 선택해 메모를 작성합니다.

03 표 삽입하기

문서에 표를 삽입하려면 상단 메뉴바에서 [표]를 클릭하고 [표 삽입]을 선택해 원하는 행과 열을 지정합니다.

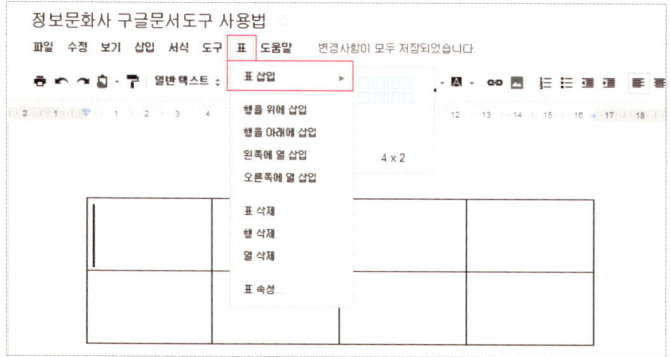

04 저장하기

구글 문서는 계정에 자동으로 저장되는데, 다른 파일로 저장하거나 다운로드하려면 [파일]에서 [다른 이름으로 다운로드]를 선택합니다. ODT, PDF, RTF, 텍스트, 워드 등의 형식으로 다운로드받을 수 있습니다.

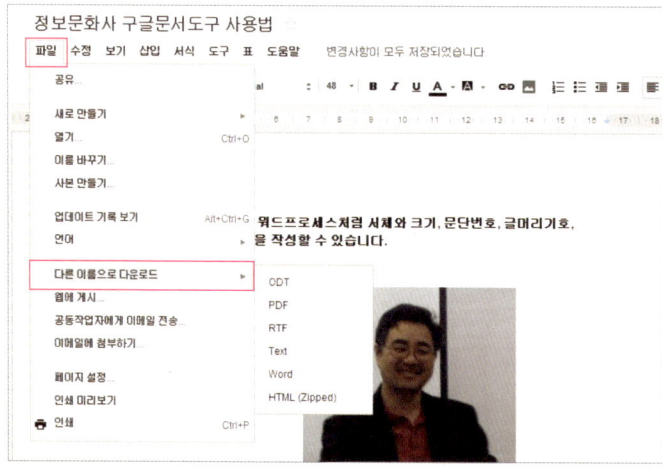

Google
48

구글 문서도구로 스프레드시트 만들기(엑셀)

구글 스프레드시트는 마이크로소프트 오피스의 엑셀과 같은 기능을 제공하는 웹 기반 프로그램입니다. 기업에서 사용되는 많은 서식이나 문서들이 엑셀로 작성되고 있다는 점에서 구글 스프레드시트는 그 활용 범위가 높다고 평가되고 있습니다. 기존의 엑셀 파일을 구글 스프레드시트로 불러와서 작업할 수 있으며 계산식이나 문서를 협업을 통해 작성할 수 있습니다.

01 스프레드시트 만들기

[만들기]를 클릭하고 [스프레드시트]를 선택합니다.

02 내용 작성하기

엑셀 파일을 작성하는 것과 동일한 방식으로 내용을 입력합니다.

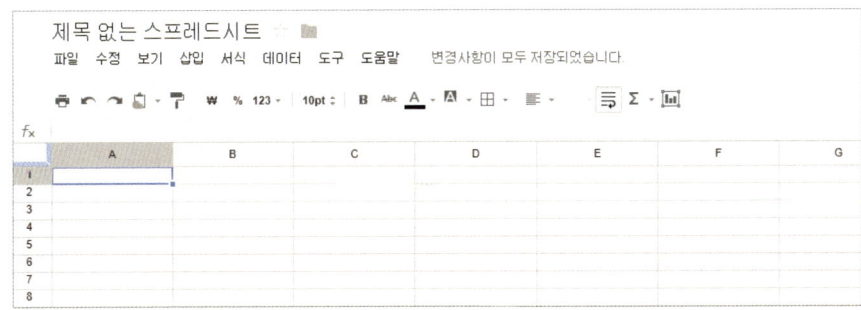

Google
49
구글에서 엑셀 파일 편집하기

마이크로소프트 엑셀 파일을 구글 드라이브에 업로드한 후 수정, 편집할 수 있습니다. 반대로 구글 스프레드시트로 작성한 파일을 다운로드하여 마이크로소프트 오피스 엑셀에서 불러와 작업할 수도 있습니다. 인터넷이 연결되지 않을 때를 대비하여 다운로드받아 놓고 작업할 수 있습니다.

01 엑셀 파일 가져오기

스프레드시트 만들기 화면에서 [파일]의 [가져오기]를 클릭합니다.

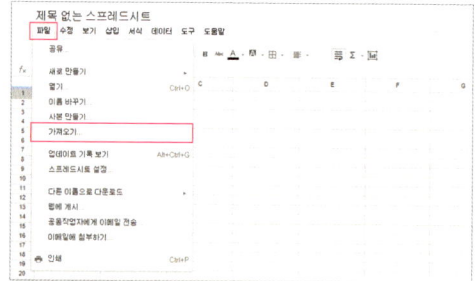

02 파일 선택하기

[파일 가져오기] 창이 나타나면 [파일 업로드]의 [찾아보기] 버튼을 클릭하고 원하는 파일을 찾아 가져옵니다.

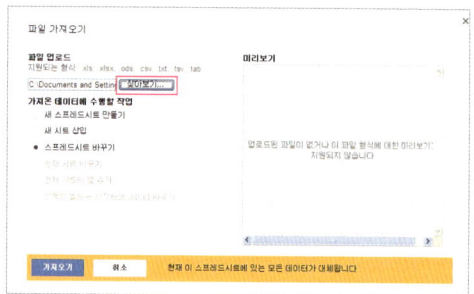

03 파일 확인하기

선택한 엑셀 파일이 스프레드시트 화면에 나타납니다.

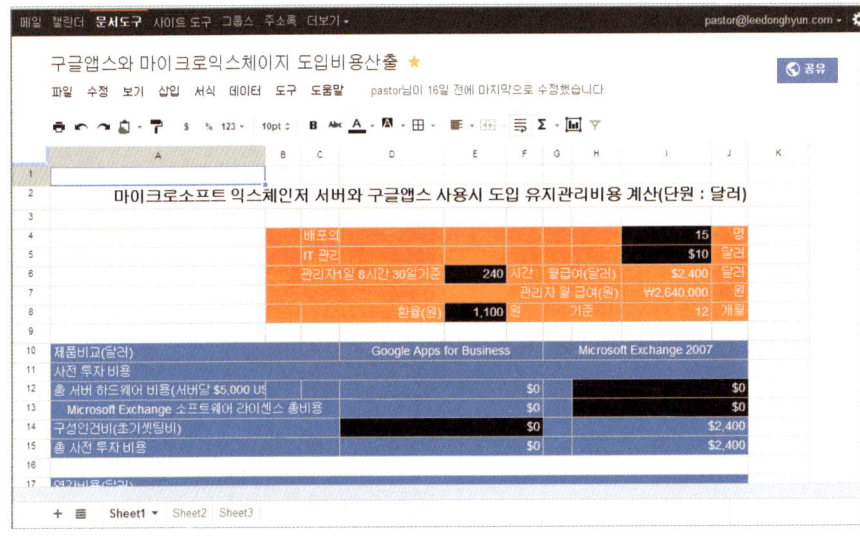

> **NOTE**
> ### 공유 권한 설정하기
>
> 스프레드시트로 다른 사람과 협업을 통해 작업하고자 한다면 오른쪽 상단에 있는 [공유] 버튼을 클릭하고 협업하고자 하는 사람의 이메일 주소를 입력한 후 공유 권한을 설정합니다.

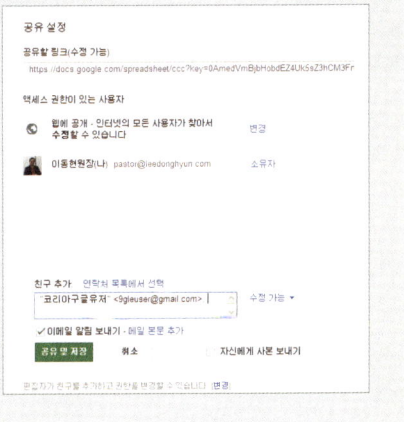

Part 3 스마트 워커들의 문서 작성 기술

04 저장하기

스프레드시트로 문서를 작성한 다음, 다운로드하여 보관하고자 한다면 [파일]에서 [다른 이름으로 다운로드]를 클릭하고 파일 유형을 선택합니다. 엑셀 파일, CSV, HTML, PDF 등으로 다운로드받을 수 있습니다.

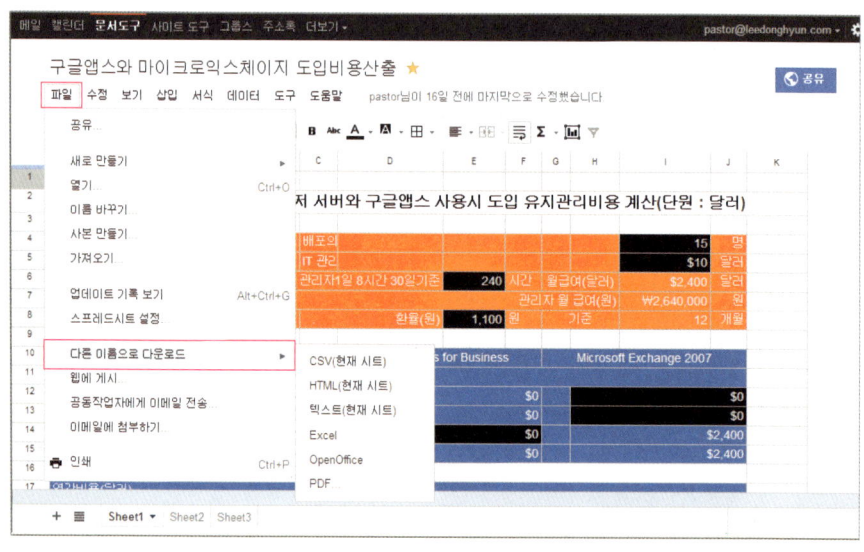

> **NOTE 문서 복사하기**
>
> 스프레드시트를 작성한 후 [파일]의 [사본 만들기]를 클릭하면 기존의 파일 외에 또 다른 파일이 생성됩니다.

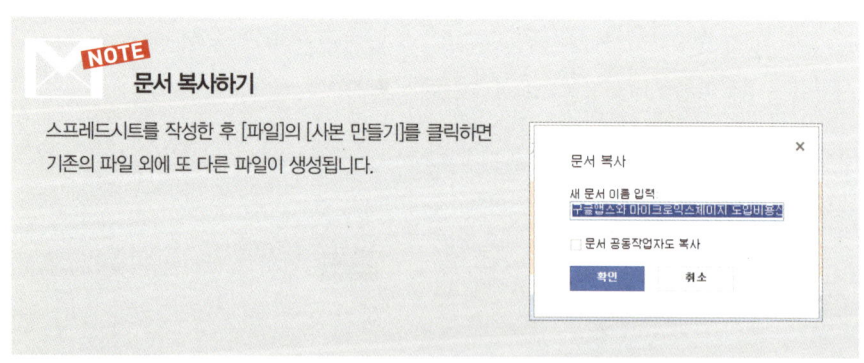

Google
50

구글 문서도구로 프리젠테이션 만들기(파워포인트)

구글 프리젠테이션은 마이크로소프트 오피스 파워포인트에 해당하는 프로그램으로, 웹에 접속하여 프리젠테이션 파일을 제작할 수 있으며, 기존의 파워포인트 파일을 불러와 작업할 수도 있습니다. 협업을 통해 팀 작업을 할 수 있어 매우 유리합니다.

01 프리젠테이션 만들기

구글 문서도구에서 [만들기]를 클릭하여 프리젠테이션 파일을 선택합니다.

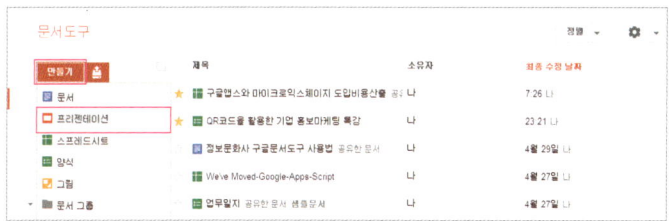

02 테마 선택하기

작성할 프리젠테이션의 테마를 선택합니다.

03 슬라이드 추가하기

프리젠테이션 화면이 나타나면 상단에 있는 [슬라이드]를 선택하고 [새 슬라이드]를 선택해 추가합니다.

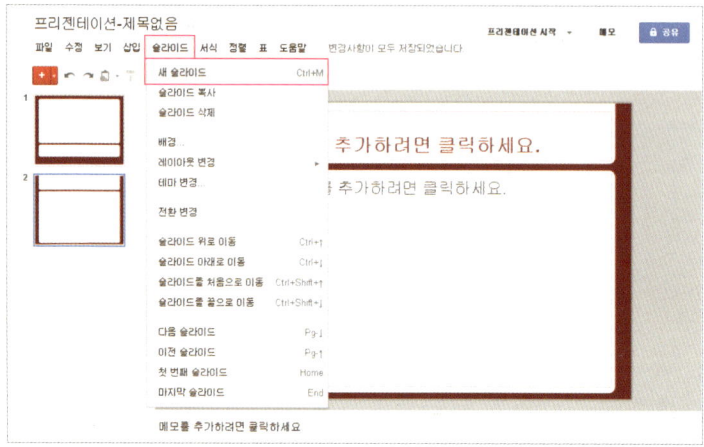

04 내용 작성하기

원하는 레이아웃을 잡아서 슬라이드를 만듭니다. [삽입]과 [보기]의 메뉴를 통해 텍스트, 이미지, 동영상, 표, 도형 등을 입력합니다.

05 저장하기

프리젠테이션 파일을 다운로드받고자 한다면 [파일]에서 [다른 이름으로 다운로드]를 클릭하여 형식을 지정해 줍니다.

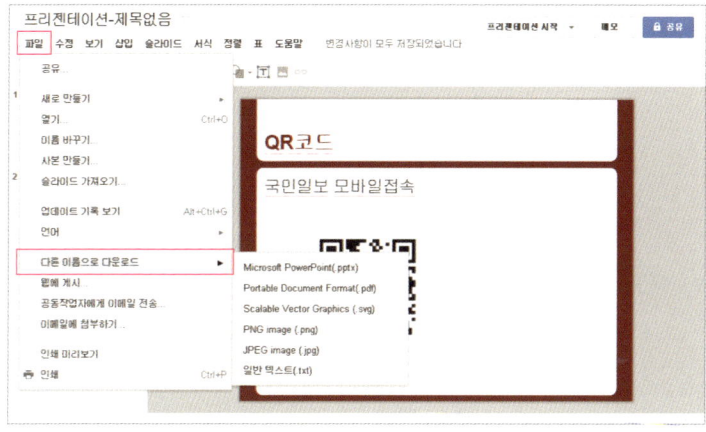

06 프리젠테이션 하기

작성한 구글 프리젠테이션 상단의 [보기]를 선택하고 [프리젠테이션을 시작]을 클릭합니다. 전체 화면으로 브라우저 창이 나타나며 바로 프리젠테이션을 진행할 수 있습니다.

Google
51
구글 양식을 통해 설문조사하기

구글 양식은 기업 내 설문조사, 온라인 상담, 업무일지 등을 만들 수 있도록 도와주는 도구입니다. 구글 양식을 통해 질문지를 만들면 직원이나 고객들에게 원하는 정보를 쉽게 얻을 수 있습니다.

01 구글 양식 만들기

구글 드라이브에서 [만들기]를 클릭하고 [양식]을 선택합니다.

02 옵션 설정하기

옵션을 선택하고 [사용자가 응답을 수정할 수 있도록 허용합니다]에 체크하면 설문을 완료하고 나서도 설문내용을 수정할 수 있습니다. [이 양식을 보려면 leedonghyun.com에 로그인해야 합니다]는 회사 내에서 설문을 진행할 경우에 체크해야 합니다. 만약 다수의 사람들에게 설문을 조사하고자 한다면 체크하지 않아야 합니다.

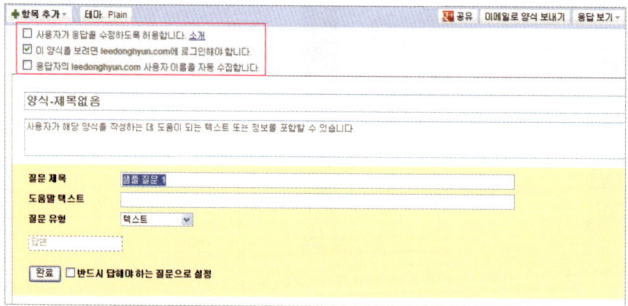

03 내용 작성하기

설문 제목과 해당 설문에 대한 취지 등의 보충 설명을 입력할 수 있습니다.

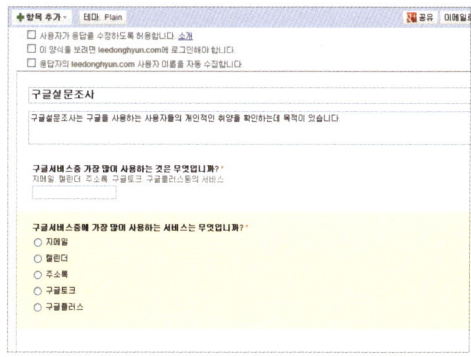

04 질문 작성하기

[질문 제목]과 [도움말 텍스트]를 입력합니다. 답변은 [질문 유형]에 따라 다양한 형태로 표시될 수 있습니다.

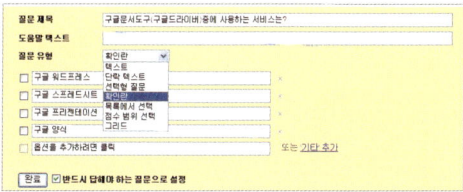

 질문이 많은 경우 한 페이지에 모든 질문을 제시하면 답변하는 사람들이 부담을 가질 수 있습니다. 적당량의 질문을 게시한 후 다음 페이지에 계속해서 질문할 수 있도록 해주는 기능이 페이지 나누기입니다.

05 설문지 꾸미기

설문지 배경이 마음에 들지 않는 경우에 상단의 [테마]를 클릭하고 원하는 테마를 고를 수 있습니다.

06 양식 보내기

설문 양식을 완성했다면 주소록에서 설문 대상을 골라 이메일로 전송합니다. 수신자는 메일에서 바로 설문에 응할 수 있어 효과적으로 설문조사를 할 수 있습니다.

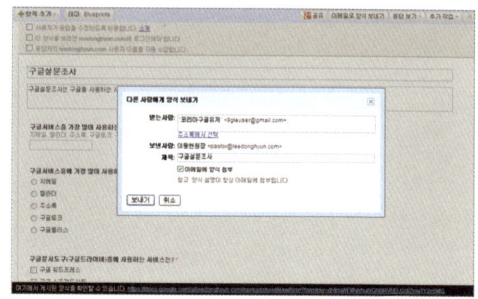

07 홈페이지나 블로그에 설문 게시하기

구글 스프레드시트 메뉴에서 [양식]을 선택한 후 [웹페이지에 양식 삽입]을 클릭합니다.

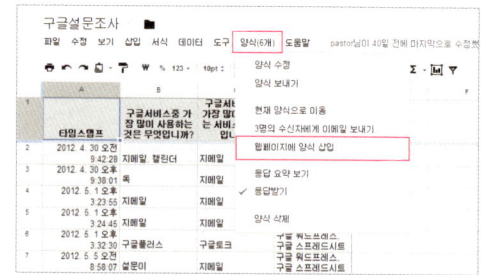

08 아이프레임 주소 복사하기

새창으로 나타나는 아이프레임 주소를 복사해 원하는 곳에 붙여넣기 합니다.

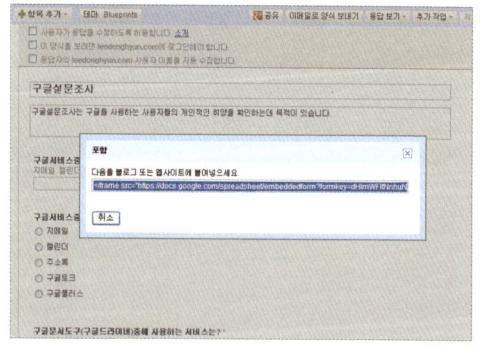

09 설문 결과 보기

양식 화면의 [응답 보기]를 통해 현재를 기준으로 응답 현황을 확인할 수 있습니다.

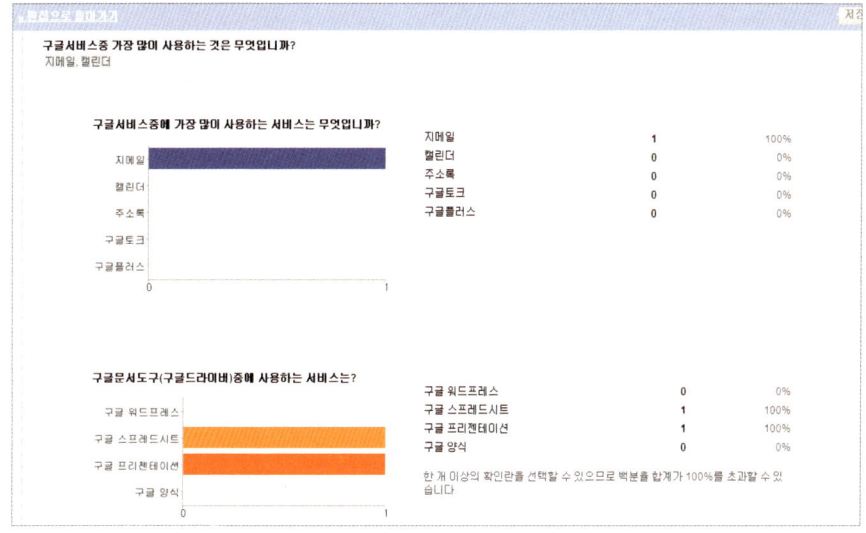

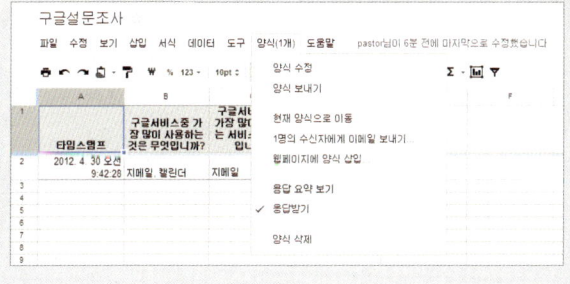

웹에서 설문 받기

웹 사이트에 설문을 올려놓고 방문자들이 자발적으로 설문에 응답하게 하거나 소셜 네트워크 서비스를 통해 설문에 대한 요청을 할 수 있습니다(http://goo.gl/m7Inf).

Google
52
구글 드라이브로 문서 관리하기

구글 드라이브에서는 사용자들이 문서를 효과적으로 관리할 수 있도록 폴더 기능을 지원하고 있습니다. 이 기능을 사용하면, PC에서 폴더를 사용하는 것처럼 편리하게 문서를 구분하여 이용할 수 있습니다.

01 구글 드라이브 폴더 설정하기

구글 드라이브 화면에서 [만들기]를 클릭하고 [폴더]를 선택합니다.

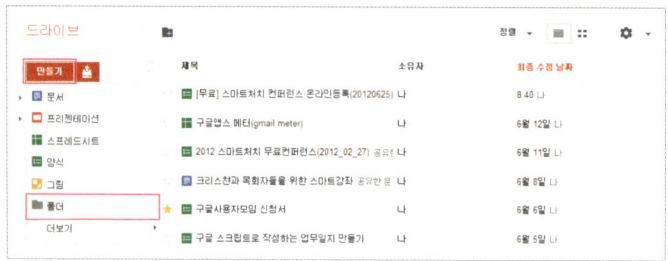

02 이름 지정하기

만들고자 하는 폴더의 이름을 입력한 후 만들기를 클릭합니다.

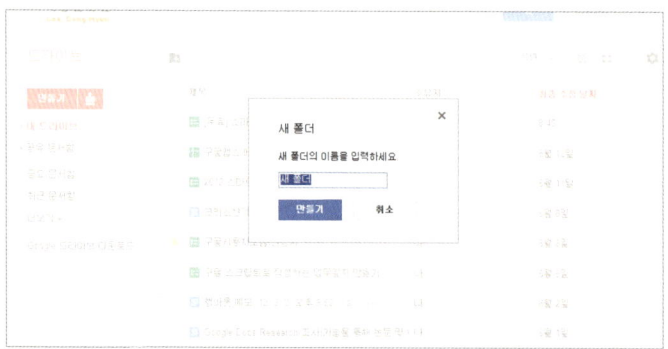

03 폴더 구분하기

폴더별로 색상을 입히거나 별표를 입력해 구분합니다.

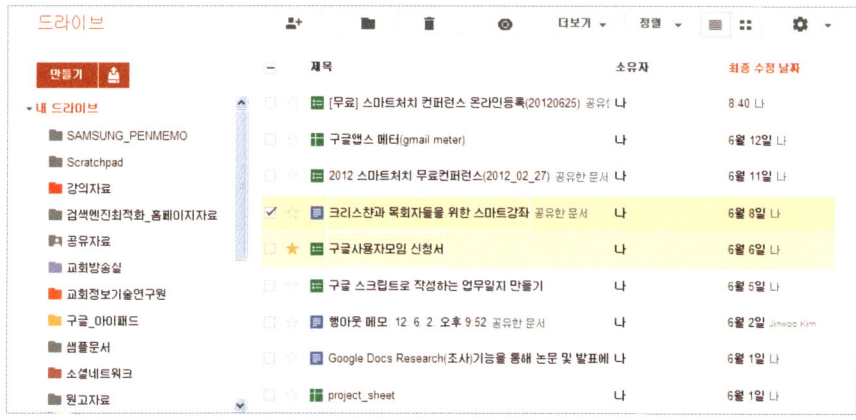

NOTE 중요도 설정하기

분류한 문서는 중요도에 따라 별표를 입력해 구분할 수 있습니다. 문서 제목 앞의 별표를 클릭하면 별표가 활성화됩니다.

Google
53

구글 드라이브에 파일 업로드 및 다운로드하기

구글 드라이브에서는 마이크로소프트 오피스의 워드, 엑셀, 파워포인트와 이미지, 압축 파일 등을 올려놓을 수 있도록 5기가의 용량을 무료로 제공하고 있습니다. 문서관련 파일들은 구글 드라이브를 통해 업로드 및 다운로드할 수 있으며, 이미지들은 피카사를 통해, 동영상은 유튜브를 통해 업로드 및 다운로드할 수 있습니다.

01 업로드하기

구글 문서도구에서 업로드 아이콘을 클릭하고 [파일]을 선택합니다.

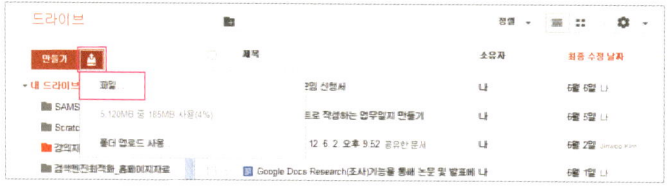

02 파일 선택하기

업로드할 파일을 선택합니다.

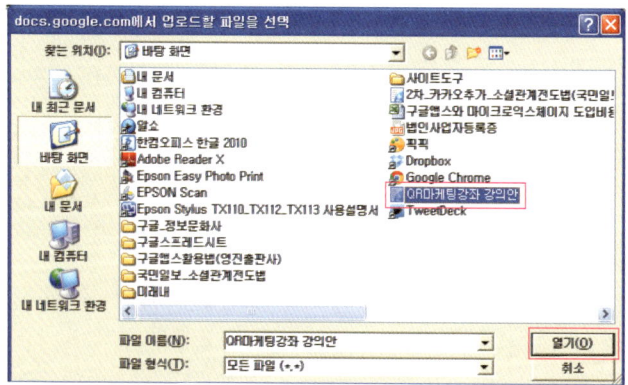

03 파일 확인하기

업로드된 파일은 구글 드라이브 상단에 나타납니다.

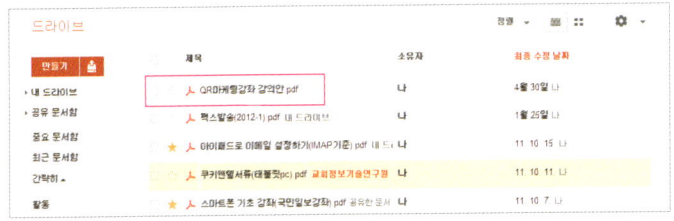

04 파일 관리하기

업로드 파일을 왼쪽에 있는 폴더로 드래그하면 폴더에 소속됩니다.

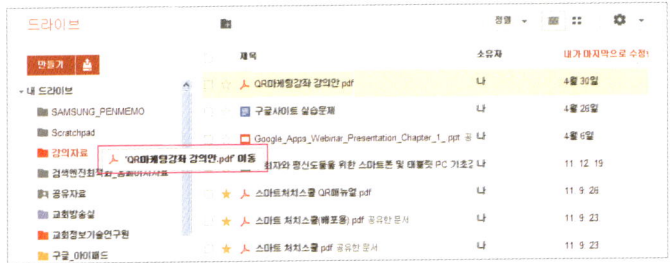

05 폴더 표시 확인하기

드래그하여 폴더에 넣으면 파일 옆에 폴더 이름이 표시됩니다.

Google
54
구글 드라이브와 내 컴퓨터와 동기화하기

구글 문서도구는 구글 드라이브로 통합됨에 따라 다양한 애플리케이션과 통합(마인드맵, Fax, Google Goggles)되었습니다. 또 이미지 파일 검색과 함께 Scan Text(OCR)까지 가능하게 되었으며 다양한 파일 형식(Adobe Illustrator, Adobe Photoshop 등 30여 개)까지 제공하고 있습니다.

---

01 구글 드라이브 다운로드하기

[드라이브] 화면에서 [PC용 구글 드라이브 다운로드]를 클릭합니다.

02 로그인하기

구글 드라이브가 다운로드되면 실행하고 지메일 계정이나 구글 앱스 계정으로 로그인합니다.

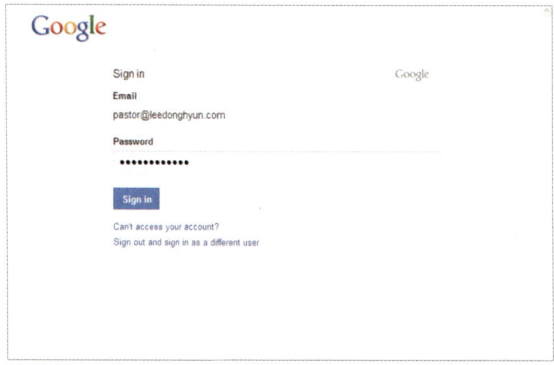

03 구글 드라이브 시작하기

PC에 구글 드라이브를 위한 폴더가 새로 생성됩니다. [다음] 버튼을 클릭합니다.

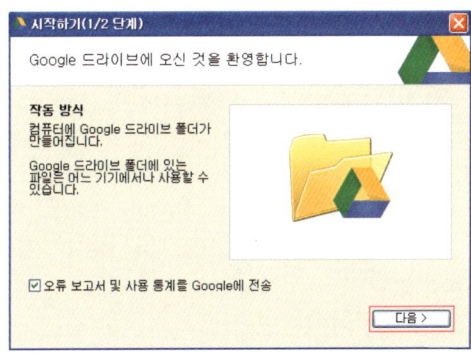

04 파일 싱크하기

[동기화 시작] 버튼을 눌러 구글 드라이브의 파일을 PC의 [Google Drive] 폴더와 동기화합니다. 이때 동기화 관련 기본 설정을 변경하려면 [고급 설정] 버튼을 누릅니다.

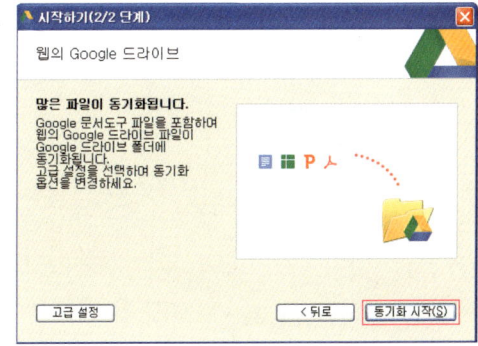

05 폴더 위치 확인하기

사용자 PC에 새로 생긴 [Google Drive] 폴더는 사용자 폴더에 하위 목록으로 구성되며, 문서는 .gdoc, 스프레드시트는 .gsheet, 프리젠테이션은 .gslides 등의 형식으로 저장됩니다.

Google 55

문서 공유하기

기업에서 아래 한글 문서나 워드 문서 등을 작성한 후 담당자들에게 보낼 때는 이메일에 파일을 첨부하는 방식이 일반적입니다. 여러 명이 작성한 문서를 한 사람이 통합 작성한 후 담당자들에게 메일을 보내게 되는데 일을 이렇게 처리하게 되면 통합된 문서를 받아보기까지의 시간이 오래 걸리며 작성된 문서를 다시 전달해야 한다는 불편함이 존재합니다. 구글 문서도구에서는 협업을 통해 문서를 작성하고 공유 문서를 전달할 수 있는 기능을 제공하며 업무처리를 쉽고 빠르게 할 수 있도록 도와줍니다.

01 문서 작성하기

[드라이브] 화면에서 [만들기]를 눌러 문서를 작성합니다.

02 문서 공유하기

작성한 문서에서 오른쪽 상단의 [공유]를 클릭합니다. 해당 문서를 공유할 사람의 메일을 [친구 추가]에 입력합니다. 입력 후에는 [공유 및 저장] 버튼을 클릭해 저장합니다.

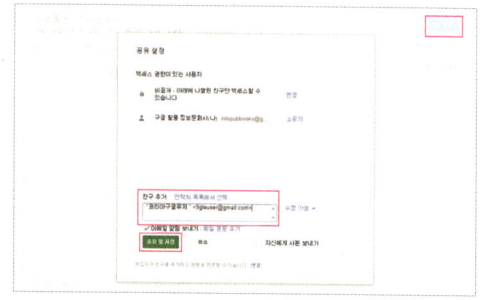

Google
56
구글 문서 공유 설정 방법

구글 문서도구로 작성한 문서는 기존의 오프라인의 문서와 달리 문서를 공유할 수 있다는 장점을 가집니다. 문서를 공유하게 되면 문서작업 시 시간을 줄일 수 있으며 효과적인 문서작업이 이루어집니다. 특히 협업을 통해 문서를 작업할 경우 문서를 공유하는 사람들과 함께 실시간으로 작업이 가능합니다.

01 구글 문서 공유 설정 범위

- 웹에 공개 : 모든 인터넷 사용자가 찾아 액세스 할 수 있으며 로그인하지 않아도 됩니다.
- 링크가 있는 모든 사용자에게 공개 : 로그인하지 않아도 되며 링크 주소만 알고 있으며 액세스할 수 있습니다.
- 비공개 : 권한이 있는 사람만 액세스할수 있으며 로그인을 해야 사용할 수 있습니다.
- 수정 허용 : 로그인이 필요 없으며 모든 사용자가 수정할 수 있습니다.

02 공유 설정 방법

문서공유를 하면 특정 사용자와 링크나 이메일을 통해 공유할 수 있습니다. [보기 가능]으로 설정하면 열람만 가능하며 [수정 가능]으로 설정하면 내용을 수정할 수도 있습니다. 만일 사용자가 실수로 내용을 삭제한다고 해도 이전 버전으로 복원할 수 있어서 안심할 수 있습니다.

Google
57
문서 이메일에 첨부하기

구글 드라이브에 올라가 있는 문서나 작업 중인 문서들을 이메일로 첨부하여 보낼 수 있습니다. 일반적으로 지메일에서 메일을 첨부하여 보내고자 할 경우 내 컴퓨터에 있는 파일을 선택하여 보내지만 구글 드라이브에서 작성되었거나 저장된 파일은 메일 프로그램을 사용하지 않고 바로 보낼 수 있어 편리합니다.

01 이메일에 첨부하기

문서작성이 완료되면 [파일]을 클릭하고 [이메일에 첨부하기]를 선택합니다.

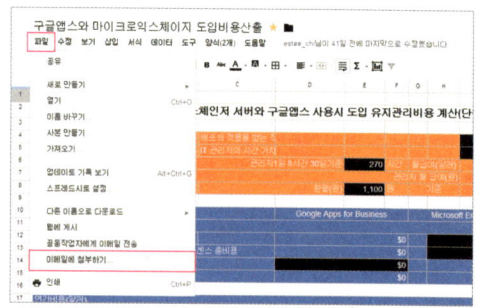

02 정보 입력하기

첨부 파일 형식과 공유할 사람의 이메일 주소, 제목과 내용을 넣고 [보내기]를 클릭합니다.

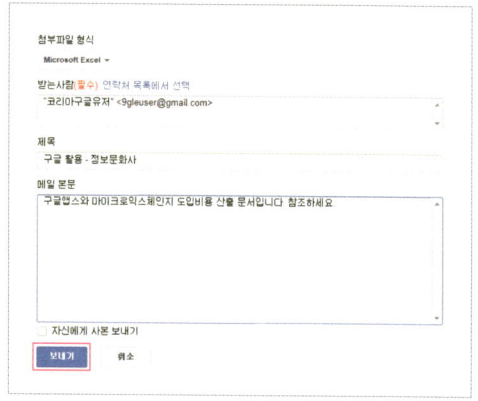

Google
58
홈페이지에 문서 공유하기

구글 문서도구로 만든 구글 워드, 스프레드시트, 프리젠테이션, 구글 양식 등을 홈페이지에 게시하거나 실시간으로 설문조사를 실시하고 접수, 통계까지 한번에 할 수 있습니다. 기업에서 설문조사를 할 경우 주로 구글 양식 도구를 통해 제작하고 코드 값을 홈페이지에 붙여넣는 경우가 많으므로 이를 기준으로 설명하겠습니다.

01 구글 양식 열기

구글 양식으로 작성된 스프레드시트 파일을 열었습니다. 상단의 [양식]을 클릭하고 [웹페이지에 양식 삽입]을 선택합니다.

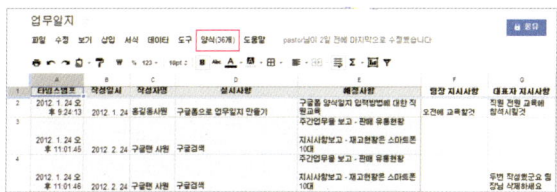

 양식을 사용하지 않은 문서라면 [도구]를 클릭하고 [양식 만들기]를 선택해 양식을 작성합니다.

02 양식 삽입하기

[포함] 대화상자가 나타나면 아이프레임 코드값을 복사한 후 원하는 홈페이지에 붙여넣기합니다.

03 아이프레임 주소 붙여넣기

아이프레임 주소를 자신의 홈페이지(블로그) 게시물에 붙여넣기합니다.

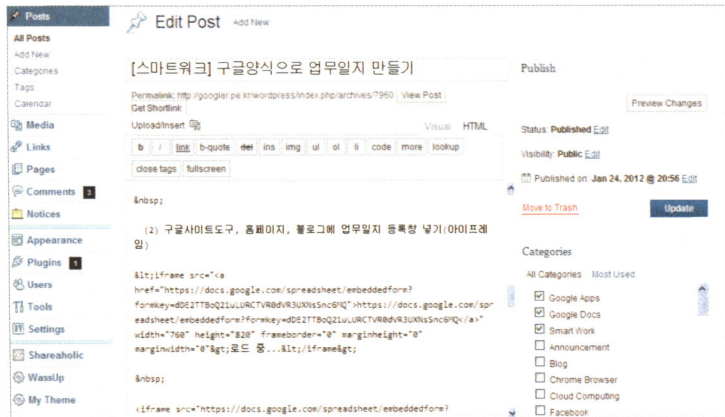

04 양식 확인하기

코드 값을 입력하면 다음과 같은 양식이 출력됩니다.

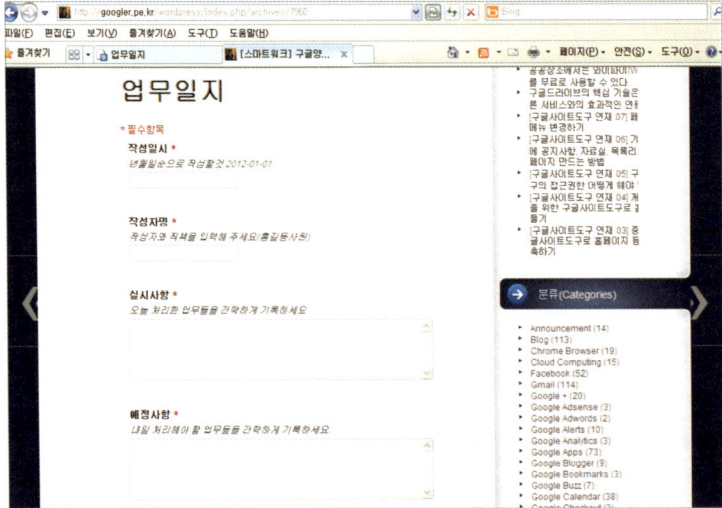

05 결과 확인하기

응답한 내용은 CEO 등의 관리자가 확인할 수 있습니다.

06 엑셀 파일 저장하기

직원들이 회사 홈페이지나 블로그에서 양식에 따라 업무일지를 작성하면 구글 스프레드시트 파일로 결과 값이 저장됩니다.

- 업무일지 작성하기 : http://goo.gl/8UBwh
- 업무일지 결과 값보기 : http://goo.gl/V1vLK

Google
59
구글 양식으로 업무일지 만들기

매일 사용하는 업무일지를 클라우드 기반의 구글 양식으로 만들어 사용할 수 있습니다. 구글 양식을 통해 업무일지를 만들어 사용할 경우에 인터넷만 연결되어 있으면 언제 어디서나 업무일지를 작성할 수 있으며, 담당자들이 일일이 확인하여 필요한 부분을 지시할 수 있다는 장점을 지닙니다. 구글 앱스를 사용할 경우에는 기업 도메인으로 된 이메일과 특정 이메일만이 업무일지를 작성하거나 접근할 수 있도록 지정할 수 있어, 보안적인 측면에서 안전하게 업무처리를 할 수 있습니다.

01 구글 양식 등록하기

구글 양식으로 만든 문서를 구글 사이트 도구나 직원용 페이지에 등록합니다.

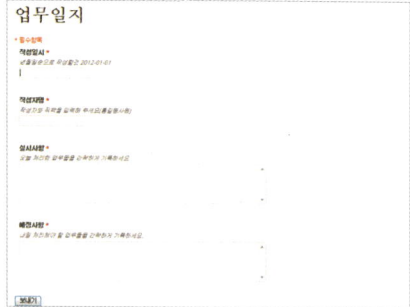

02 내용 입력하기

업무일지에 들어갈 내용의 [작성일시], [작성자명], [실시사항], [예정사항] 등의 내용을 추가합니다.

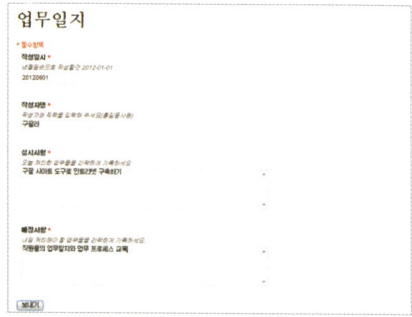

데모 아이디로 테스트하기

이동현닷컴 데모 아이디로 로그인하거나 해당 링크를 웹 주소창에 복사하여 붙여넣어도 해당 파일이 열립니다(http://goo.gl/WJ4O7). 데모 아이디로 로그인하면 다음과 같은 기능들을 테스트해 볼 수 있습니다.

- 메일 : 도메인 이름으로 메일을 주고받을 수 있습니다.
- 캘린더 : 직원들과 캘린더를 쉽게 공유할 수 있습니다.
- 구글 문서도구 : 문서들을 외부로 유출하지 않으면서 협업과 공유가 가능합니다.
- 구글 토크 : 직원들 간의 영상, 음성, 문자 대화를 할 수 있습니다.
- 구글 플러스 : 사내 직원 간의 화상 회의 중, 문서 협업이 가능합니다.
- 구글 사이트도구 : 사내 인트라넷망에 접속하여 업무를 처리할 수 있습니다.

- ID : demo@leedonghyun.com
- Password : demo1234

Google
60
구글 드라이브에 저장된 일일 업무일지 공유방법

구글 드라이브에 저장된 문서들을 공유하여 업무를 효과적으로 처리할 수 있습니다. 문서, 프리젠테이션, 스프레드시트, 그림, 구글 양식을 통해 업무를 처리할 수 있는데 기업에서 가장 많이 사용하는 엑셀(스프레드시트)로 팀원들의 이름을 넣어서 업무일지를 제작할 수 있습니다.

01 구글 드라이브 접속하기

[드라이브] 화면에서 왼쪽의 [만들기]를 클릭하고 [스프레드시트]를 클릭합니다.

02 문서 작성하기

일일 업무일지, 주간 업무 보고 등을 구글 스프레드시트 문서로 작성합니다.

03 시트 추가하기

스프레드시트에 팀원들의 업무일지를 만들기 위해 시트를 여러 개로 복사합니다. 각 시트마다 공유하고자 하는 팀원들의 이름을 입력합니다.

04 공유하기

오른쪽 상단의 [공유]를 클릭하고 [공유 설정] 창에서 공유할 사람의 이메일 주소를 입력합니다.

> **NOTE 업무일지 결과 값**
>
> 업무일지를 비공개 사이트(구글 사이트 도구) 등에 올려놓으면 쉽게 업무일지를 작성할 수 있습니다. 다음은 업무일지 결과 값입니다(http://goo.gl/NAzg2).

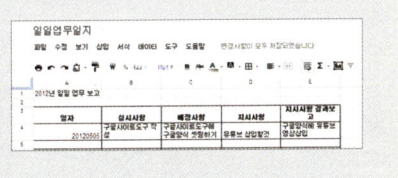

Google
61
구글 스프레드시트로 업무일지 만들기

기업 내부 양식에 맞게 업무일지를 구글 스프레드시트로 작성할 수 있습니다. 구글 스프레드시트로 작성한 업무일지에 함수 값을 적용하면 멋진 업무일지가 됩니다.

01 날짜 입력하기

작성일자가 자동으로 입력되도록 함수를 입력합니다.

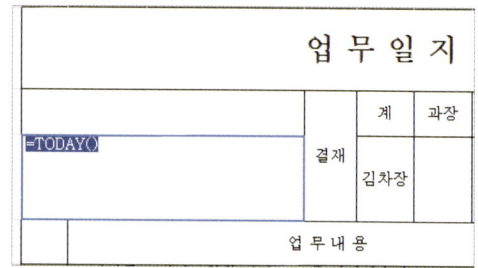

02 공유 설정하기

작성자는 결재자들이 문서를 열람하거나 결재할 수 있도록 공유기능과 수정 권한을 함께 부여합니다. 단 문서관리 담당자에게는 소유권한을 함께 부여합니다.

03 메모 넣기

결재란에 들어간 과장, 차장, 부장, 상무, 대표이사 결재란에 담당자들이 이름을 입력한 후 메모를 넣어주면 전자 결재처럼 아이디가 들어갑니다.

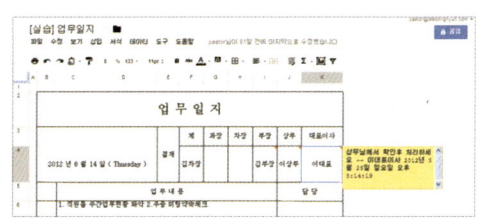

04 문서 전달하기

문서 작성 후 메뉴에서 [파일]을 클릭한 후 [공동작업자에게 이메일을 전송]을 클릭합니다.

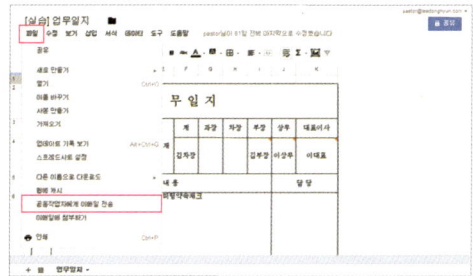

05 메일 보내기

사내 결재 프로세스에 따라 결재할 사람들에게 해당 메일을 보냅니다.

06 저장과 인쇄하기

문서 작성이 끝나면 Ctrl + P 를 눌러 pdf 파일로 저장합니다.

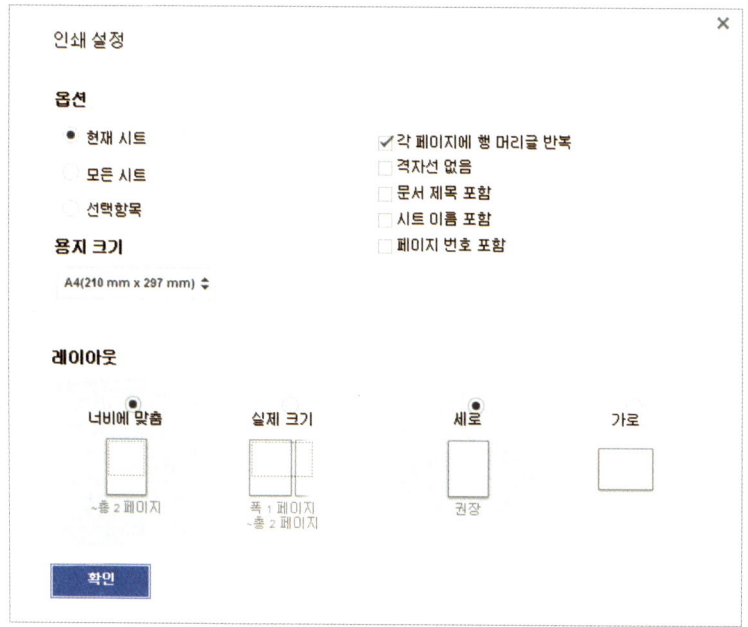

> **NOTE 관리자의 역할**
>
> 문서가 결재되면 관리자는 작성자, 결재권자들의 권한을 변경해야 합니다. 문서 관리자는 결재완료 문서를 PDF 파일로 저장해 두어야 하며 다른 사용자들 참고하거나 열람할 수 있도록 사이트 도구(사내 인트라넷 망) 자료실에 공개합니다.

Google
62
구글 테이크아웃

구글 플러스, 피카사, 버즈, 주소록 등을 백업하는 서비스로 구글 테이크아웃이 있습니다. 구글 테이크아웃을 사용하기 위해서 구글 테이크아웃 웹 사이트에 접속합니다(https://www.google.com/takeout/). 구글 플러스 글과 사진, 버즈, 피카사 웹 앨범, 주소록 및 서클, 프로필 등의 구글 서비스 데이터를 일괄 백업할 수 있습니다.

01 구글 테이크아웃 접속하기

구글 플러스에 올린 글과 사진 등의 데이터를 백업 받고 싶다면 상단의 [서비스 선택]을 클릭합니다.

02 보관함 만들기

백업하고자 하는 서비스를 선택합니다. 한 번에 모든 서비스 데이터를 백업 받고 싶다면 [보관함 만들기]를 클릭합니다.

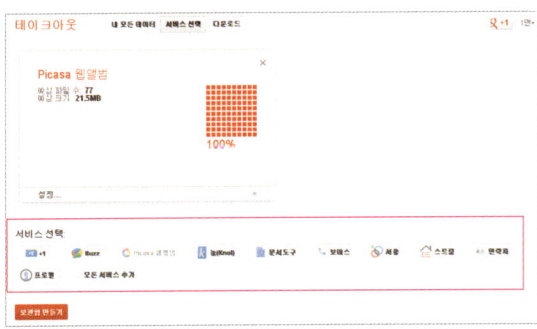

03 다운로드하기

다운로드 탭으로 이동하면 선택한 서비스를 분석하여 다운로드를 준비합니다. 준비가 되면 [다운로드]를 클릭하고 해당 서비스를 다운로드받습니다.

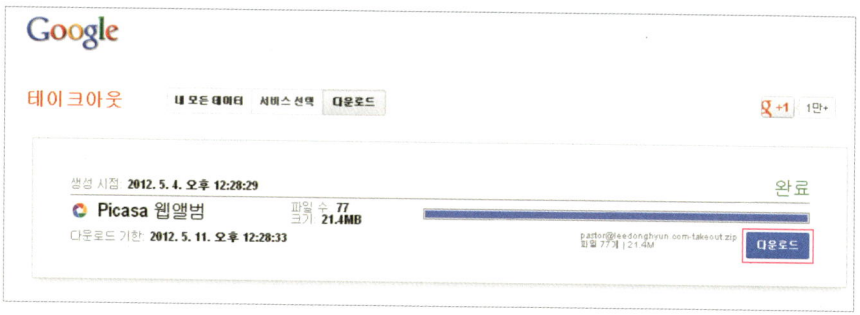

NOTE 구글 플러스 스트림 저장하기

구글 플러스 스트림에 올린 글은 적당한 길이로 된 '제목.html' 문서로 저장되며 문서 안에는 스트림에 올린 글의 내용과 이미지, 링크, 댓글이 모두 저장됩니다.

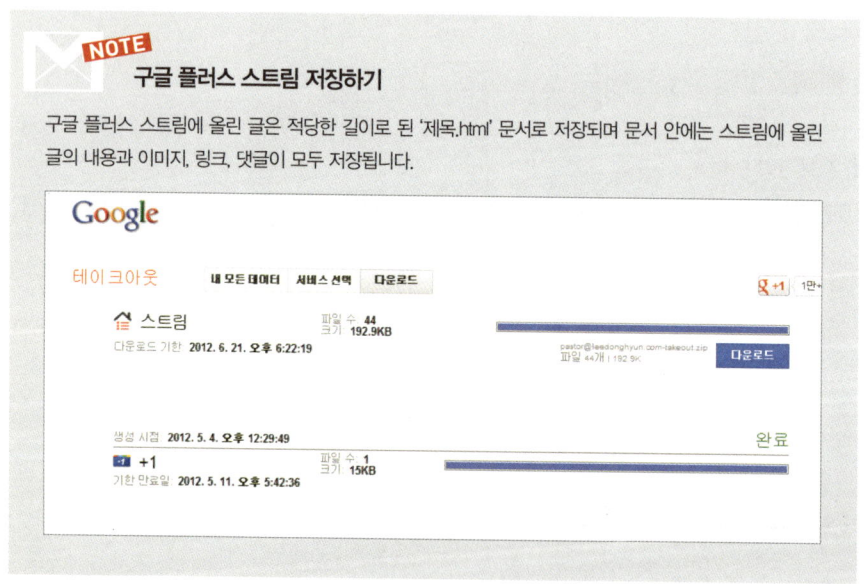

Google
63

구글 문서도구를 로컬로 백업하기 : GDocBackup

구글 드라이브를 이용하면 마이크로소프트 오피스와 같은 프로그램이 없어도 문서를 편집할 수 있습니다. 'GDocBackup'은 구글에서 작성한 문서를 로컬로 백업해주는 유틸리티로 오픈소스이며 무료입니다. 프로그램을 다운로드받은 후 로컬로 한번 백업하면 그 다음부터는 새롭게 업데이트된 파일만을 하드로 백업 시켜 줍니다. 'GDocBackup'은 현재 Windows에서만 사용이 가능하며, Linux와 Mac 사용자는 'GDataCopier Python script', OpenOffice 사용자는 'OpenOffice.org2GoogleDocs'라고 하는 확장기능을 이용하여 구글 문서도구의 동기화를 실현할 수 있습니다.

01 구글 백업 도구 다운로드받기

'GDocBackup' 프로그램을 다운로드받습니다.

 최신 다운로드 : http://code.google.com/p/gdocbackup/downloads/list

02 프로그램 설치하기

'GDocBackup' 프로그램을 설치합니다.

03 설정하기

지메일, 구글 앱스를 선택하고 아이디와 패스워드를 입력한 후 저장할 로컬 경로를 선택합니다.

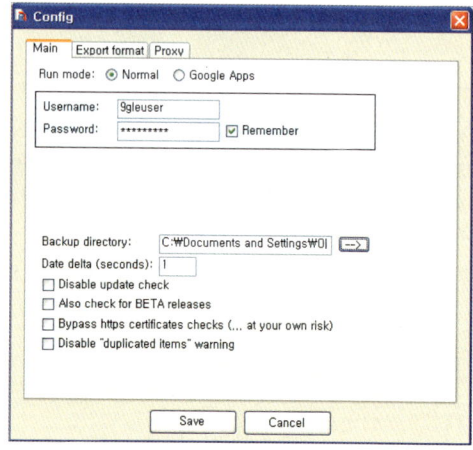

04 실행하기

'GDocBackup' 프로그램에서 [Exec] 버튼을 클릭하면 구글 드라이브에 있는 파일들이 로컬 컴퓨터로 다운로드됩니다.

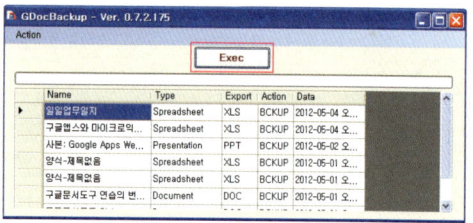

Google
64

구글 문서에서 사용되는 주요 단축키

구글 문서를 맥에서 사용하는 경우 Ctrl 키를 ⌘ 키로 바꾸고 Alt 키를 [옵션 키]로 바꾸면 다음 단축키를 사용할 수 있습니다. 문서를 작성할 경우 많이 사용하는 기능을 효율적으로 사용하기 위한 단축키들로 구글 문서, 스프레드시트, 프리젠테이션 등에서 공동으로 사용되는 단축키들입니다.

01 구글 문서에서 사용되는 주요 키보드 단축키(공동)

- 굵게 : Ctrl + B
- 기울임꼴 : Ctrl + I
- 윗첨자 : Ctrl + .
- 메모삽입 : Ctrl + Alt + M, Ctrl + M
- 복사 : Ctrl + C
- 붙여넣기 : Ctrl + V
- 잘라내기 : Ctrl + X
- 다시실행 : Ctrl + Y
- 왼쪽 정렬 : Ctrl + Shift + L, Ctrl + L
- 가운데 정렬 : Ctrl + Shift + E, Ctrl + E
- 오른쪽 정렬 : Ctrl + Shift + R, Ctrl + R

- 밑줄 : Ctrl + U
- 링크 삽입 : Ctrl + K
- 아래첨자 : Ctrl + ,
- 인쇄 : Ctrl + P
- 저장 : Ctrl + S
- 모두 선택 : Ctrl + A
- 실행취소 : Ctrl + Z
- 찾기 : Ctrl + F

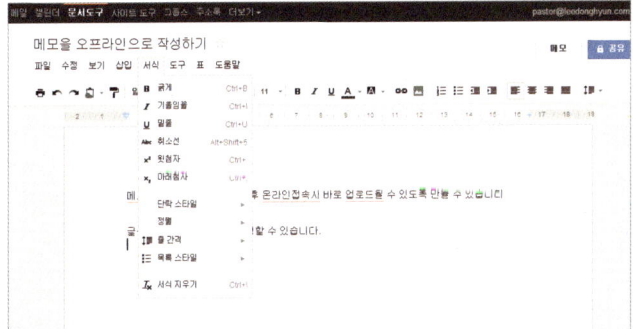

02 구글 프리젠테이션의 단축키

- 새 슬라이드 삽입 : Ctrl M *
- 한 화면 아래로 이동 : Page Down
- 한 화면 위로 이동 : Page Up

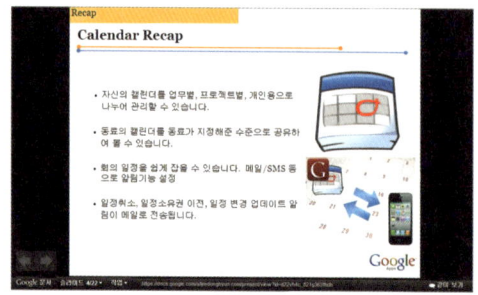

03 구글 스프레드시트의 주요 단축키

- 문서의 사본 만들기 : Ctrl + Shift + S
- 셀의 콘텐츠에 대한 취소선 서식 : Alt + Shift + 5
- 선택한 셀에 테두리 윤곽선 적용 : Alt + Shift + &
- 선택한 셀에서 테두리 윤곽선 삭제 : Alt + Shift + _
- 선택한 셀에 맨 위 테두리 적용 또는 삭제 : Alt + Shift + T
- 선택한 셀에 맨 아래 테두리 적용 또는 삭제 : Alt + Shift + B
- 선택한 셀에 오른쪽 테두리 적용 또는 삭제 : Alt + Shift + R
- 선택한 셀에 왼쪽 테두리 적용 또는 삭제 : Alt + Shift + L

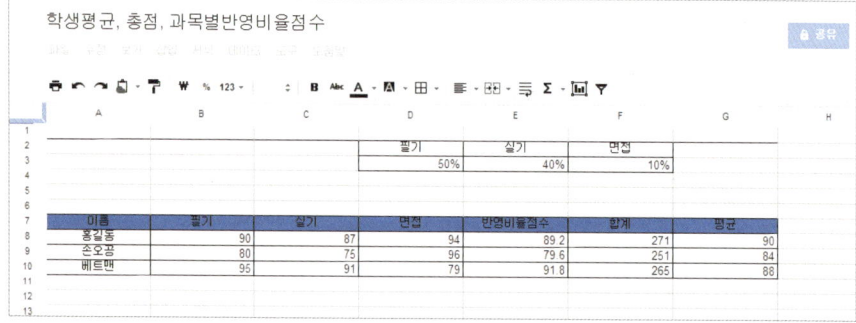

구글 드라이브 실습하기

구글 드라이브 실습을 위해 데모 아이디로 로그인합니다(ID:demo, Password:demo234).

- 구글 워드 – '소셜 네트워크는 사람과 사람을 연결하는 도구이다'(열람, 공개) : http://goo.gl/xlu4A
- 구글 프리젠테이션(파워포인트) – '파워포인트 실습'(열람, 공개) : http://goo.gl/XWxmY
- 구글 스프레드시트(엑셀) – '구글 앱스와 마이크로소프트 도입비용 산출하기'(작성, 공개) : http://goo.gl/kajQp
- '직원명부 만들기'(작성, 공개) – http://goo.gl/VVPPS
- 구글 양식 도구 – '구글 사용자 오프라인 신청서'(작성만 가능) : http://goo.gl/GNvAf
- '구글 교육용 ID신청서'(작성만 가능) – http://goo.gl/r3QC4
- '업무일지'(작성, 열람, 수정가능) – http://goo.gl/JzHN1 (작성) / http://goo.gl/HV7YS 열람
- '정보문화사 컨설팅 신청서'(작성, 열람만 가능) – http://goo.gl/E9NU7 (작성) / http://goo.gl/V3TiU (열람)

Column
팩스기기 없이 팩스 보내기!

기업에서 업무를 처리하는데 메일 외에 팩스를 많이 사용합니다. 팩스를 수신하기만 원한다면 파란의 팩스 서비스를 이용하면 되지만 사무실 외에서 팩스를 주고받고자 한다면 인터넷 팩스 서비스를 활용해야 합니다. 웹투팩스(웹팩스)를 통해 사무실로 오는 팩스들을 스마트 디바이스로 언제 어디서나 송수신할 수 있습니다. 스마트폰에서 팩스를 보내고자 한다면 팩스라는 검색어를 통해 자신에게 맞는 앱을 다운로드받아야 하며, 해당 업체 서비스에도 가입해야 합니다.

1 | 인터넷 팩스 서비스에 가입합니다.

팩스와이드, 넷피스 지팩스, 바로팩스, 엔팩스, 삼성 070 팩스 서비스 등이 있습니다. 검색엔진에서 해당 업체의 이름을 검색하면 더 많은 업체들을 찾을 수 있으며 자신에게 맞는 서비스업체를 선택하는 것이 좋습니다.

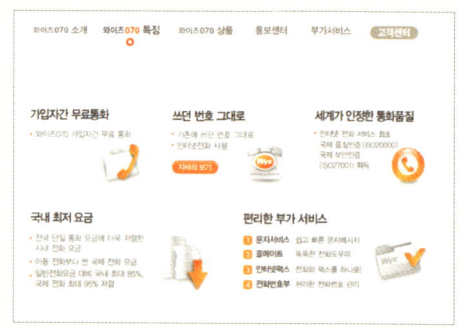

2 | 팩스를 받고자 한다면

가입한 회사에서 제공하는 인터넷 팩스 번호를 이용하여 받을 수 있습니다. 전화 번호 번호에 대한 요금은 업체마다 다르며, 서비스 이용 전에 반드시 확인해야 합니다. (구글러의 팩스 번호 070-7016-1369)

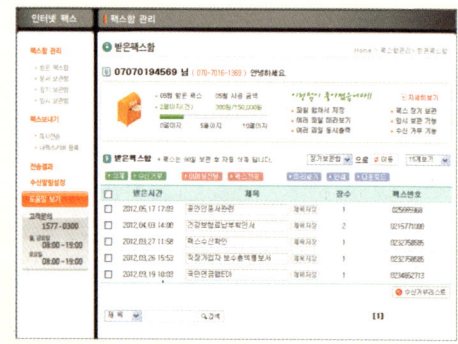

3 | 팩스를 보내려면

수신 팩스 번호, 내용, 첨부 파일(엑셀, 아래한글, 이미지, PDF파일)등을 스마트 디바이스에서 직접 발송할 수 있습니다. 보내려는 파일이 인터넷 팩스사이트의 서버로 업로드되면 팩스 전송 시에 사용할 포맷인 TIF파일로 변환되며 상대방 팩스번호로 전화를 걸어 해당 문서를 보내게 됩니다.

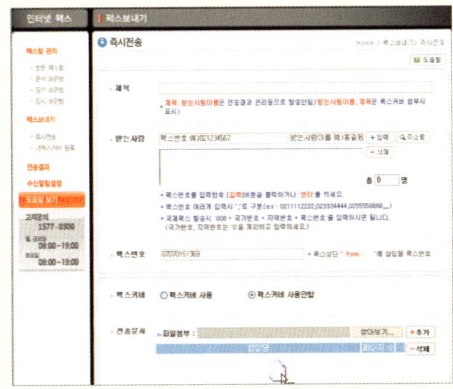

4 | 전송이 완료되면

전송결과를 확인할 수 있으며 메뉴에서 언제 누구에게 어떤 내용을 발송했으며 몇 페이지를 보냈는지, 요금이 얼마인지를 확인할 수 있습니다.

인터넷 팩스를 이용하면 한 번에 수천 곳에 동시에 팩스를 보낼 수 있으며 일반 팩스 전송에 비해 저렴한 비용으로 발송할 수 있습니다.

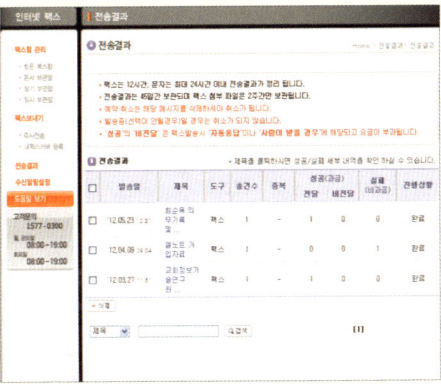

Google

PART 4

스마트 워커들의 정보 수집 기술

하루에도 수없이 많이 쏟아지는 정보 중에 자신에게 꼭 필요한 정보를 찾기란 쉽지 않습니다. 이럴 때 구글에서 제공하는 구글 알리미와 구글 리더를 사용하면 양질의 정보를 빠르고 정확하게 확인할 수 있습니다. 만약 경쟁업체들의 정보나 기업정보 등을 파악하고자 한다면 구글 알리미와 구글 리더는 반드시 필요한 도구입니다.

Google
65

스마트 워커들의 정보 수집 방법

하루에도 수 만개의 정보들이 쏟아지고 있는 가운데 자신에게 필요한 정보를 수집하고 관리한다는 것은 결코 쉬운 일이 아닙니다. 스마트 워커에게 있어서 가장 중요한 자질 중에 하나는 이러한 정보를 빠르게 수집하고 관리할 수 있는 능력입니다. 이를 도와주는 것이 구글 알리미와 구글 리더입니다. 구글 알리미로 자신이 찾고자 하는 정보를 키워드로 등록해 놓으면 메일이나 구글 리더로 확인할 수 있습니다. 구글 리더는 자주 가는 홈페이지에 방문하지 않고 찾고자 하는 정보를 확인할 수 있다는 장점을 가지고 있습니다.

01 전체보기 화면

지메일에 로그인한 후 상단 메뉴에서 [더보기]를 클릭하고 [모두 보기]를 선택합니다.

02 원하는 기능 선택하기

구글의 다양한 기능을 모두 모아놓은 화면이 나옵니다. 여기서 [알리미]나 [리더]를 선택해 기능을 사용할 수 있습니다.

03 구글 알리미와 구글 리더

구글 알리미는 사용자가 자신이 원하는 정보를 검색 엔진을 통해 일일이 검색하지 않아도 관련 정보와 자료를 메일이나 RSS에서 열람할 수 있도록 해주는 역할을 합니다. 또 개인 사용자들이 웹 서핑 중에 자신이 구독하고자 하는 정보들을 발견하면 구글 리더로 받아볼 수 있습니다. 구글 리더, 한RSS 등의 설치형 리더기는 RSS를 제공하는 개인, 기업 등의 정보를 끌어와 자신이 사용하는 리더기에 등록해 두는 방식입니다. 그러므로 모든 홈페이지나 블로그의 정보를 구독할 수 있는 것은 아닙니다. 구글러 페이지(http://googler.pe.kr)의 경우에는 오른쪽 상단의 RSS 아이콘을 클릭하면 해당 주소가 웹 주소 창에 나타나고, 이 주소를 자신의 구글 리더에 등록하면 구글러에 대한 정보를 실시간으로 받아 볼 수 있습니다.

구글러 RSS 주소 : http://feeds.feedburner.com/googleuser

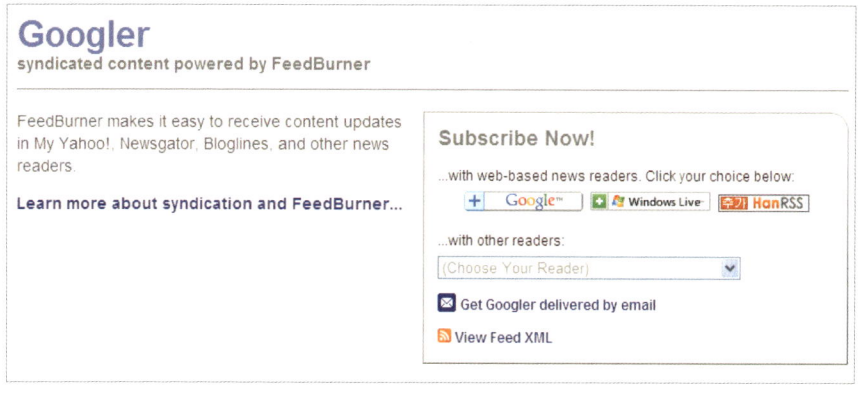

Google
66
구글 알리미 사용법(메일로 구독하기)

구글 알리미를 통해 필요한 정보를 메일로 수집할 수 있습니다. 구글 알리미는 자신이 원하는 정보, 필요한 정보를 자신의 메일로 받아볼 수 있도록 지원하고 있습니다.

01 알리미 접속하기

지메일에 로그인한 후 [더보기]를 클릭하고 [모두 보기]를 선택해 [알리미]에 접속합니다.

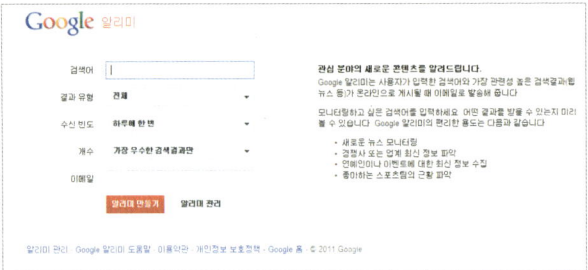

02 검색하기

자신이 검색하고자 하는 정보를 [검색어]에 입력하면 오른쪽에 결과 값이 미리보기로 나타납니다. 구글에 대해 알아보기 위해 "구글"로 검색했습니다.

03 상세 정보 입력하기

[결과 유형], [수신 빈도], [개수], [수신 위치]를 선택하고 [알리미 만들기]를 클릭합니다.

04 알리미 관리하기

[알리미 관리]를 통해 알리미를 관리할 수 있으며 메일뿐만 아니라 RSS를 통해서도 최신 정보를 받아볼 수 있습니다.

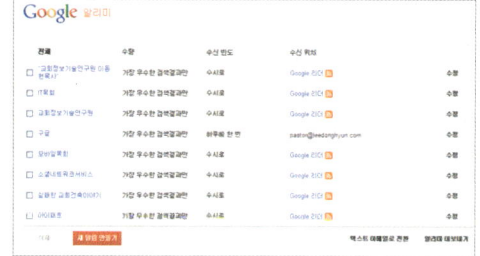

> **NOTE 알리미 메뉴 설명**
>
> - **결과 유형** : 검색 유형을 선택합니다. 전체, 뉴스, 블로그, 비디오, 토론 등에서 자신에게 필요한 정보를 선택합니다. 구글에 대한 전반적인 내용을 확인하고 싶다면 전체를 선택합니다.
> - **수신 빈도** : 수신 빈도를 선택합니다. 수시, 하루, 일주 단위로 수신할 수 있습니다. 너무나 많은 정보로 인해 수시로 메일을 받게 된다면 이것 또한 스트레스가 아닐 수 없습니다. 때문에 하루에 한번 수신하는 것이 정신 건강에 좋습니다.
> - **개수** : 수량을 선택합니다. 전체 검색 결과 값보다는 우수한 검색 결과만을 선택하는 것이 좋습니다. 우수한 검색 결과 값은 구글 검색 엔진에서 나름대로 검증된 결과 값으로 나타나는 정보만을 다루고 있습니다.
> - **수신 위치** : 수신 위치인 메일 주소를 선택합니다. 자신의 메일로 온 검색 결과 값은 필터와 라벨을 통해 정리하는 것이 좋습니다. 시간이 날 때마다 확인할 수 있도록 하기 위해서입니다.

Google
67

구글 리더로 관심 정보 구독하기

구글 리더는 웹 사이트의 구독 정보를 한데 모아서 제공해 주는 RSS 리더의 한 종류입니다. 효율적인 검색 능력과 방대한 정보를 가지고 있는 구글은 전 세계의 다양한 뉴스 정보와 실시간 번역 기능을 통해 다양하고 글로벌한 정보를 쉽게 얻을 수 있도록 지원하고 있습니다. RSS는 뉴스나 블로그 등에서 피드를 제공해야만 이용할 수 있기 때문에 모든 웹 정보를 대상으로 하는 것이 아니라 주기적으로 업데이트되는 사이트를 대상으로 하고 있습니다.

---

01 구글 리더 실행하기

지메일에 로그인한 후 [더보기]의 [모두 보기]를 선택합니다. [Google 제품 더보기] 화면에서 [리더]를 선택해 구글 리더에 접속합니다.

NOTE 구글 리더 접속하기

구글 리더는 'http://reader.google.com/'에서 계정 등록 후 사용할 수 있으며, 지메일 계정이 없어도 기존에 자신이 사용하는 이메일 계정을 사용할 수 있습니다. 신규 사용자는 구글 리더에서 사용할 계정을 생성하고, 계정 생성 후 발송되는 activation 메일의 링크를 통해 접속합니다.

03 상세 정보 입력하기

[결과 유형], [수신 빈도], [개수], [수신 위치]를 선택하고 [알리미 만들기]를 클릭합니다.

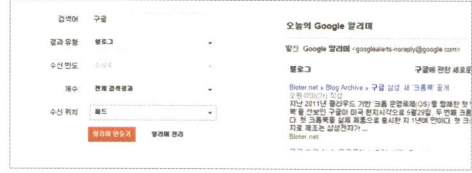

04 알리미 관리하기

[알리미 관리]를 통해 알리미를 관리할 수 있으며 메일뿐만 아니라 RSS를 통해서도 최신 정보를 받아볼 수 있습니다.

📧 NOTE
알리미 메뉴 설명

- **결과 유형** : 검색 유형을 선택합니다. 전체, 뉴스, 블로그, 비디오, 토론 등에서 자신에게 필요한 정보를 선택합니다. 구글에 대한 전반적인 내용을 확인하고 싶다면 전체를 선택합니다.
- **수신 빈도** : 수신 빈도를 선택합니다. 수시, 하루, 일주 단위로 수신할 수 있습니다. 너무 많은 정보로 인해 수시로 메일을 받게 된다면 이것 또한 스트레스가 아닐 수 없습니다. 때문에 하루에 한번 수신하는 것이 정신 건강에 좋습니다.
- **개수** : 수량을 선택합니다. 전체 검색 결과 값보다는 우수한 검색 결과만을 선택하는 것이 좋습니다. 우수한 검색 결과 값은 구글 검색 엔진에서 나름대로 검증된 결과 값으로 나타나는 정보만을 다루고 있습니다.
- **수신 위치** : 수신 위치인 메일 주소를 선택합니다. 자신의 메일로 온 검색 결과 값은 필터와 라벨을 통해 정리하는 것이 좋습니다. 시간이 날 때마다 확인할 수 있도록 하기 위해서입니다.

Google
67

구글 리더로 관심 정보 구독하기

구글 리더는 웹 사이트의 구독 정보를 한데 모아서 제공해 주는 RSS 리더의 한 종류입니다. 효율적인 검색 능력과 방대한 정보를 가지고 있는 구글은 전 세계의 다양한 뉴스 정보와 실시간 번역 기능을 통해 다양하고 글로벌한 정보를 쉽게 얻을 수 있도록 지원하고 있습니다. RSS는 뉴스나 블로그 등에서 피드를 제공해야만 이용할 수 있기 때문에 모든 웹 정보를 대상으로 하는 것이 아니라 주기적으로 업데이트되는 사이트를 대상으로 하고 있습니다.

01 구글 리더 실행하기

지메일에 로그인한 후 [더보기]의 [모두 보기]를 선택합니다. [Google 제품 더보기] 화면에서 [리더]를 선택해 구글 리더에 접속합니다.

NOTE 구글 리더 접속하기

구글 리더는 'http://reader.google.com/'에서 계정 등록 후 사용할 수 있으며, 지메일 계정이 없어도 기존에 자신이 사용하는 이메일 계정을 사용할 수 있습니다. 신규 사용자는 구글 리더에서 사용할 계정을 생성하고, 계정 생성 후 발송되는 activation 메일의 링크를 통해 접속합니다.

02 구글 리더 접속하기

구글 리더 화면에서 원하는 RSS 피드를 추가하고 싶다면 왼쪽 상단에 [구독하기]를 클릭합니다.

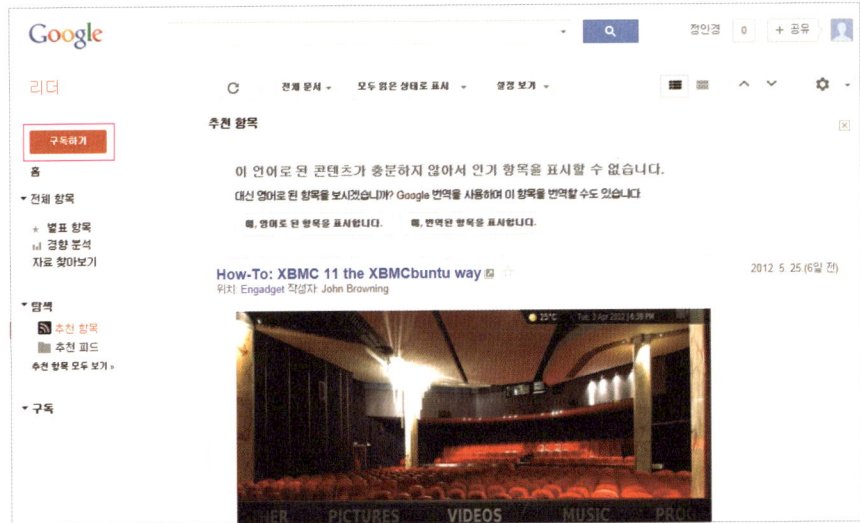

03 피드 등록하기

등록하고자 하는 사이트가 RSS 기능을 지원한다면 URL만 입력해도 됩니다.

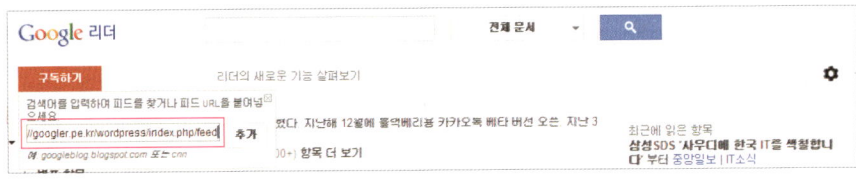

- 구글러 RSS : http://googler.pe.kr/wordpress/index.php/feed
- 이동현닷컴 블로그 RSS : http://leedonghyun.com/rss

Google
68

구글 리더에서 피드 관리하기

다양한 정보들을 구글 리더로 관리하다보면 자연스럽게 구독 양이 늘어나게 되는데 효과적인 정보 관리를 위해 메일이나 구글 드라이브처럼 정보의 특성에 맞게 폴더를 만들어야 합니다. 구글, 스마트 워크, 클라우드 등과 같이 자신에게 필요한 폴더를 만들어서 정보를 관리합니다.

01 구독 관리하기

등록한 피드의 양이 많아지면 분류의 필요성이 생깁니다. 구독 옆의 화살표를 누르고 메뉴에서 [구독 관리]를 선택합니다.

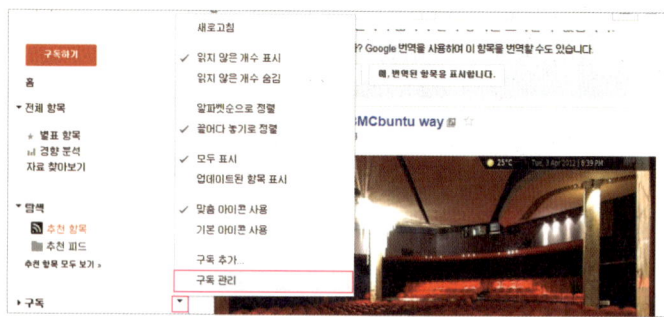

02 폴더 추가하기

[설정] 화면의 [구독] 탭에서 구독하는 피드 오른쪽의 [폴더에 추가]를 클릭하고 [새 폴더]를 선택해 폴더를 추가합니다.

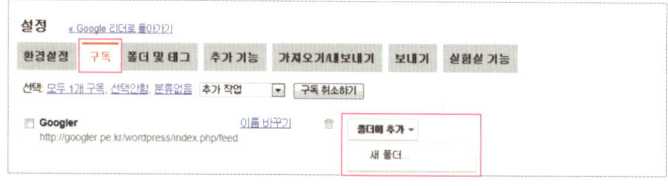

 추가한 폴더는 [폴더 및 태그] 탭에서 관리할 수 있습니다.

Google 69

구글 리더에 RSS 피드 가져오기/내보내기

기존에 사용하던 다른 RSS 리더에서 RSS 정보를 가져오거나, 다른 사람들의 RSS 정보를 받아 사용할 수도 있습니다. 지메일, 캘린더처럼 가져오기와 내보내기가 가능합니다.

---

01 가져오기

구글 리더 설정 화면의 [가져오기/내보내기] 탭에서는 자신이 사용하는 RSS 주소, 지인이나 전문가들이 사용하고 있는 RSS 주소를 가져올 수 있습니다.

02 내보내기

지금까지 자신이 모아둔 RSS 주소를 다른 사람에게 주고자 할 경우에 [내 구독정보]의 [OPML]에 있는 [다운로드]를 클릭해 저장합니다.

03 OPML 파일 보내기

OPML 파일은 XML 형식의 파일(google-reader-subscriptions.xml)입니다. 자신의 메일로 지인에게 보낼 수 있습니다. 만약 OPML 파일 내용 중에 특정한 내용을 삭제한 후 보내고자 한다면 메모장이나 에디터 등을 통해 내용을 수정한 후 지메일에 첨부하여 보낼 수 있습니다.

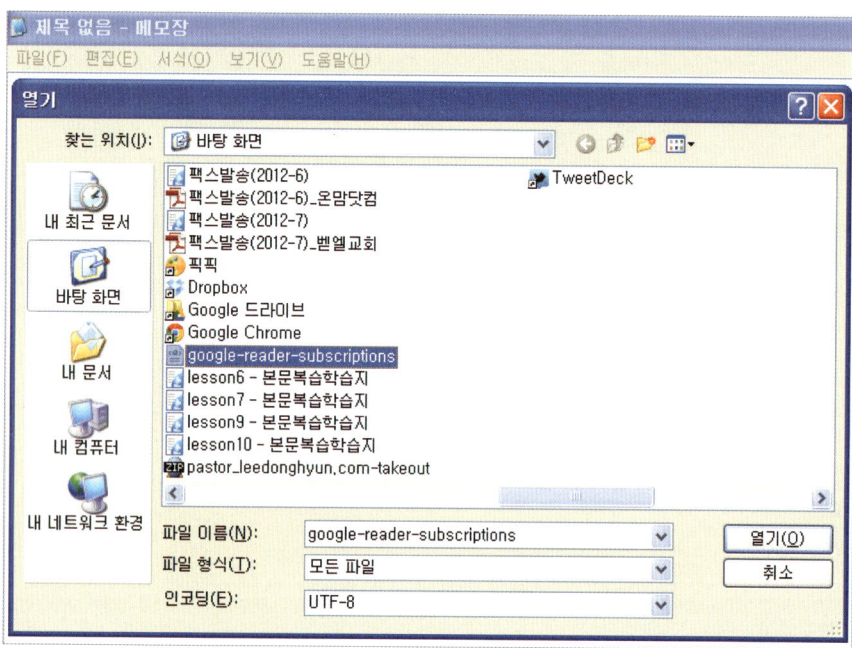

Google
70
구글 리더로 외국 사이트 번역해서 보기

해외 사이트의 글을 읽기 위해서는 구글 번역기나 크롬 브라우저, 구글 툴바 등을 이용해 언어의 문제를 해결했습니다. 그러나 구글 리더에서는 영문 사이트나 블로그 주소를 불러오기만 하면 자동으로 해당 페이지를 번역하여 제공하고 있습니다. 해외 사이트나 블로그에서 제공하는 RSS를 통해 외국의 자료들을 손쉽게 얻고자 할 때 구글 리더의 도움을 받을 수 있습니다.

01 외국 게시물 보기

[탐색]의 [추천 항목]을 클릭합니다. 마음에 드는 외국 게시물에서 [설정 보기]를 클릭하고 [내 언어로 번역하기]를 선택합니다.

 [탐색]의 [추천 항목]을 클릭하면 페이스북이나 블로그 등에서 좋은 반응을 얻은 외국인 게시물들이 나타납니다. 한국어 콘텐츠가 많지 않아 국내 것은 찾아보기 힘듭니다.

02 언제든지 번역된 페이지로 보기

[내 언어로 번역하기]가 체크되어 있는 상태라면 언제든지 한국어로 번역된 페이지가 나타납니다. 이 설정은 현재 페이지뿐만 아니라 구글 리더의 모든 화면에 영향을 미칩니다.

자료 찾아보기

왼쪽 메뉴의 [자료 찾아보기]를 통해 원하는 항목을 키워드로 검색할 수 있습니다. 이때 키워드를 외국어로 입력하면 외국 피드가 검색되므로 외국의 좋은 자료를 접할 수 있습니다. 해당 피드를 구독한 뒤 한국어로 번역해서 읽을 수 있기 때문입니다.

Google
71

구글 검색으로 할 수 있는 일들

구글 검색 엔진을 통해 다양한 정보를 키워드만으로 쉽고 빠르게 검색할 수 있습니다. 특히 구글은 키워드 외에도 전문적인 내용을 검색할 수 있는 구글 학술 검색, 이미지 검색, 음성 검색 등을 통해 사용자들이 필요로 하는 부분들을 채워주고 있습니다.

01 구글 학술 검색

학교 레포트, 논문 등을 쓰고자 할 때 전문적인 자료가 필요하다면 학술 검색 서비스를 이용합니다. 구글 학술 검색은 학위논문, 저술, 학술자료 등을 무료로 검색하고 열람할 수 있는 서비스입니다.

02 특정 파일 타입 찾기

특정한 파일 타입을 찾고 싶을 때에는 다음과 같이 검색합니다. 'filetype:pdf'는 pdf 형식의 파일만을 검색해주는 검색어입니다.

03 구글 음성 검색

스마트 디바이스의 구글 음성 앱을 사용하면 음성으로 원하는 정보를 찾을 수 있습니다. 구글 토크와 함께 사용하게 될 경우 사용자가 말한 내용이 텍스트로 변환되어 상대방에게 전달됩니다.

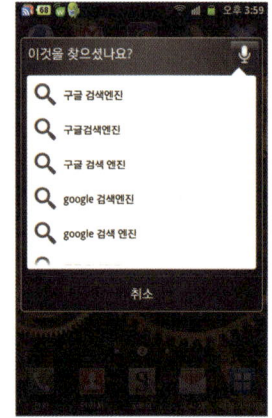

 구글 검색으로 할 수 있는 100가지 일들을 참조하면 구글 서비스를 통해 삶을 윤택하게 만들 수 있는 기술들을 엿 볼 수 있습니다.
http://www.google.co.kr/intl/ko/landing/100things/

Google 72

구글 검색을 효과적으로 하려면

구글 검색 엔진은 해외에 있는 자료를 검색하거나 이미지, 동영상 검색 시 매우 유용하게 사용되는 툴입니다. 구글 브라우저나 구글 툴바를 같이 사용하면 외국 사이트의 내용을 한글로 번역해 주기도 합니다. 구글 검색 엔진을 사용하면 보다 정확하게 정보를 검색할 수 있습니다. 구글 검색 엔진을 통해 보다 효과적으로 원하는 정보를 찾고자 한다면 아래의 방법을 익혀두는 것이 좋습니다.

01 큰따옴표 넣기

검색하고자 하는 문장, 단어에 큰따옴표를 넣어서 검색합니다.

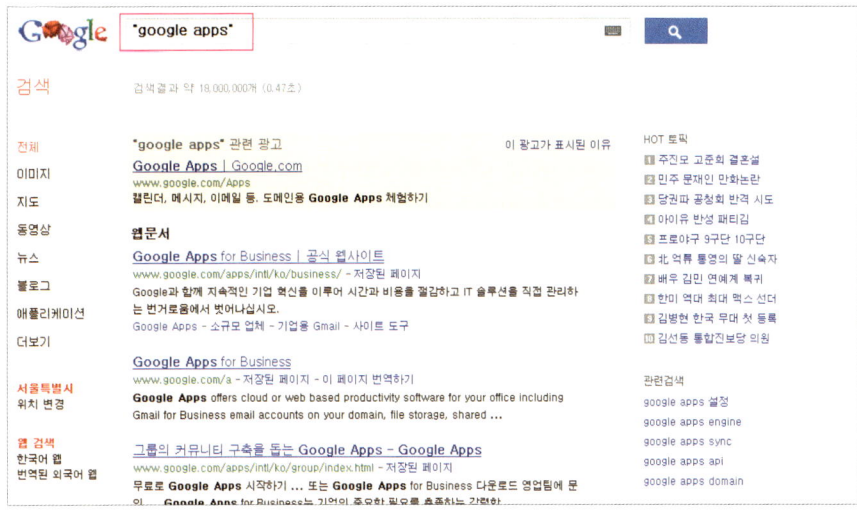

2개 이상의 단어를 사용해 검색을 할 경우 큰따옴표로 묶어주면 두 단어가 반드시 붙어 있는 결과만을 찾아줍니다. 예를 들어 google apps를 검색했다면 google과 apps가 동시에 들어간 결과가 노출되지만 "google apps"를 검색했다면 google과 apps가 반드시 붙어있는 결과만을 노출해 줍니다. 그러므로 google과 apps를 검색하고자 하는 것이 아닌 'google apps'를 검색하고자 한다면 큰따옴표로 묶어서 검색하는 것이 더 효과적입니다.

02 -/+ 사용하기

포함시키고자 하는 검색어와 제외시키고자 하는 검색어를 구분할 수 있습니다. 검색어에 포함하고자 할 경우에는 +를, 검색어에서 제외하고자 할 경우에는 -를 사용합니다.

"google apps" -buss +calendar

라고 검색을 했다면 'google apps'를 검색한 결과 중에 'buss'가 들어있는 것은 제외하고 'calendar'가 들어 있는 결과를 보여달라는 뜻입니다. 검색해야 할 단어에서 불필요한 단어와 반드시 포함시켜야 할 검색어를 구분할 수 있어 시간을 절약할 수 있습니다.

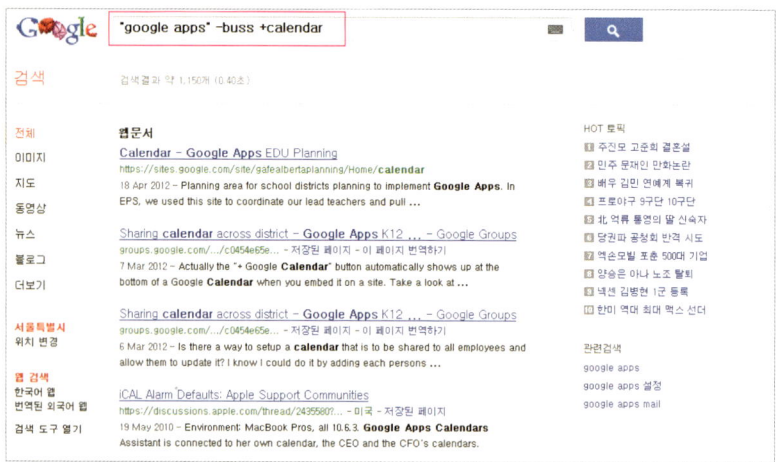

03 특정 사이트 검색하기

검색하고자 하는 사이트의 이름을 지정하고 검색어를 따옴표로 입력합니다.

site:naver.com "google apps"

라고 검색했다면 'naver.com'이라는 사이트에서 'google apps'에 대한 내용을 찾아달라는 뜻입니다.

04 문서 제목 검색하기

intitle은 문서의 제목을 기준으로 검색하는 옵션입니다.

intitle:google apps

라고 검색하면 title에 'google apps'가 포함된 문서를 결과로 노출합니다.

05 주요 검색 옵션들

- intitle, allintitle: 웹이나 구글 그룹 제목 내의 용어 검색
- inurl, allurl: URL의 용어를 검색
- filetype: 특정한 파일 확장자 검색
- allintext: text 페이지의 문자열 검색
- site: 특별한 서버 혹은 도메인에 페이지에 대해서만 검색
- link: 다른 페이지들로 링크된 페이지 검색
- inanchor: HTML앵커의 text 대표 검색
- daterange: 어떤 날짜 범위 내에서 구글에 색인된 페이지 검색
- cache: 캐쉬된 버전의 페이지를 검색
- info: 사이트 정보 요약을 검색
- related: 사이트와 관련된 사이트들을 표시
- phonebook: 사업자, 거주자 전화번호 목록 검색
- rphonebook: 거주자 전화번호 목록 검색
- bphonebook: 사업자 전화번호 목록 검색
- author: 뉴스 그룹에 올려진 저자를 검색
- group: 구글 그룹 포스트된 내용 검색
- msgid: 뉴스 그룹 메시지 인식자, 스트링을 검색
- insubject: 제목 라인을 검색
- stocks: 회사의 주식 정보 검색
- define: 정의된 검색어 반환

Google 73
구글 이미지 검색하기

검색 엔진에서 원하는 이미지를 찾고자 한다면 일반적으로 텍스트로 이미지를 검색합니다. 텍스트를 입력하면 사용자가 입력한 텍스트와 연관이 있는 이미지들을 출력합니다. 그러나 이러한 방식의 검색을 위해서는 찾으려는 대상의 이름이나 해당 대상의 관한 정보를 반드시 알고 있어야 합니다. 구글 이미지 검색은 내 컴퓨터에 저장된 사진 속의 인물이나 제품에 대해서 궁금할 때 이미지 파일 자체로 정보를 검색할 수 있는 기능까지 제공하고 있습니다.

01 구글 이미지 접속하기

구글 사이트에서 상단의 [이미지]를 클릭합니다.

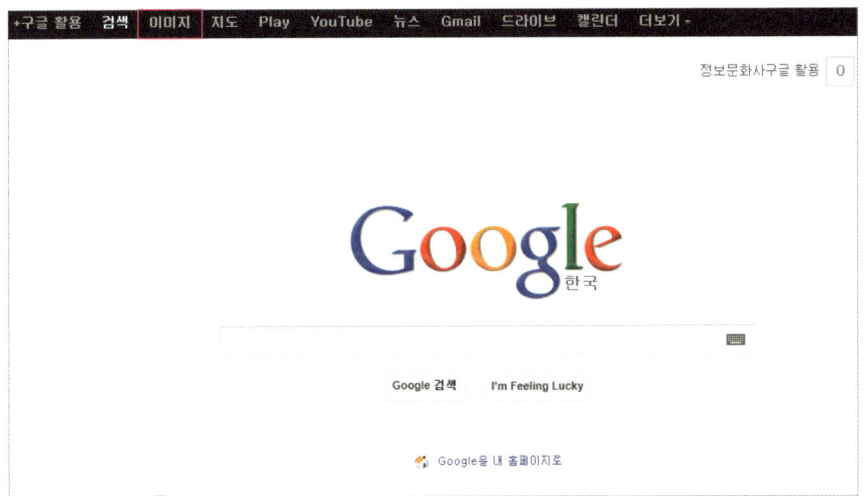

02 사진 등록하기

구글 이미지 사이트에서 검색창의 카메라 아이콘을 클릭합니다.

03 이미지로 검색하기

[이미지 URL 붙여넣기]와 [이미지 업로드]를 통해 이미지를 찾을 수 있습니다.

> **NOTE**
> **이미지 URL과 이미지 업로드**
>
> 이미지 URL은 인터넷상에 존재하는 이미지 위에서 마우스 오른쪽 버튼을 클릭한 후 [속성]을 선택해 확인할 수 있는 주소를 말합니다. 이미지 업로드는 자신의 컴퓨터에 있는 이미지를 업로드하여 검색하는 방법으로, 대화상자에서 지시하는 대로 이미지가 있는 경로를 찾아가 업로드하면 원하는 사진이나 유사한 사진들을 검색할 수 있습니다.

Google
74

원하는 색상의 이미지만 검색하기

구글에서 이미지를 검색할 때에 자신이 원하는 특정 색상의 이미지만 골라서 검색할 수 있습니다. 이미지 검색 중에 특정 색상만 있는 이미지를 찾고자 할 경우에 찾고자 하는 이미지의 색상을 넣어서 검색하는 것이 더 효과적입니다.

01 색상 지정하기

찾고자 하는 색상을 지정해야 합니다. URL에 "imgcolor"라는 파라미터를 추가하면 원하는 색상의 이미지를 검색할 수 있도록 지원합니다.

02 두 가지 색상으로 검색하기

1개 또는 2개 이상으로 필터링할 경우에는 각각의 색상을 넣습니다. 검은색의 경우에는 "imgcolor=black"이며 흰색은 "imgcolor=white"입니다. 두 가지 색상을 넣어서 검색하고자 한다면 "imgcolor=black,white"를 사용합니다.

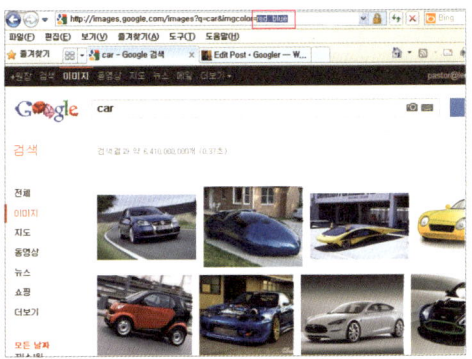

Google
75

RSS 등록과 배포하기

기업 홈페이지나 개인 블로그의 내용을 많은 사람들이 읽도록 하기 위해서는 포털 사이트에 등록해야 합니다. 기본적으로 블로그의 경우에는 RSS를 제공하고 있으며 제공되는 RSS 주소를 해당 페이지에 등록하면 더 많은 사람이 홈페이지와 블로그에 방문할 수 있습니다. 구글 사이트 도구나 구글 블로그에서 RSS를 등록하는 방법을 알아보도록 하겠습니다.

01 RSS 피드 주소 확인하기

티스토리의 경우에는 해당 웹 주소 끝부분에 '/rss'만 붙이면 되므로 이 주소를 배포하면 됩니다. 다음과 네이버 등에서도 RSS 주소 경로를 제공하고 있습니다. 해당 고객센터나 블로그 등에서 바로 확인할 수 있습니다.

• 이동현 닷컴 : http://leedonghyun.com/rss

02 메타 블로그에 RSS 등록하여 콘텐츠 배포하기(다음뷰)

다음뷰(http://view.daum.net)에 로그인한 후 자신의 RSS 주소를 등록하면 자신의 블로그나 홈페이지에 등록된 콘텐츠를 배포할 수 있습니다.

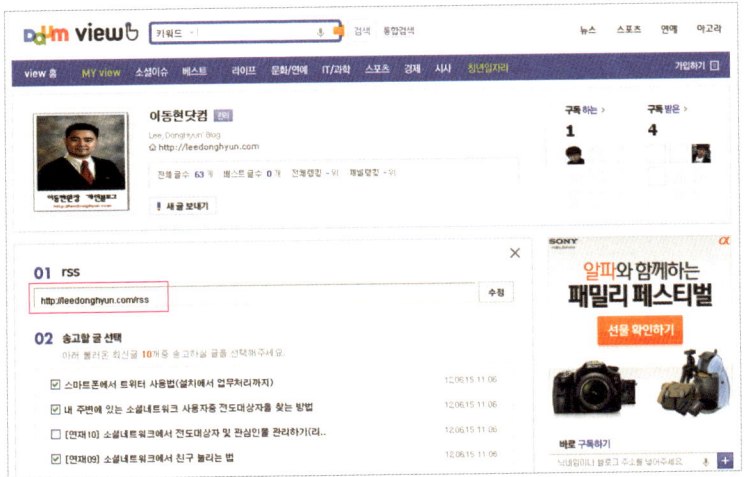

RSS를 배포할 수 있는 곳

다음뷰(view.daum.net), 블로그코리아(http://www.blogkorea.net), 올블로그(http://www.allblog.net), 믹시(http://mixsh.com), 이올린(http://eolin.com), 블로그나와(http://www.blognawa.com), 블로그 와이드(http://www.blogwide.kr) 등에 자신의 블로그나 홈페이지의 RSS 주소를 등록하면 새로운 글을 올렸을 때 바로 해당 페이지에 노출됩니다.

Google
76
구글 대시보드 속의 나의 개인정보

구글은 구글 검색, 구글 맵, 지메일, 구글 플러스, 유튜브, 안드로이드 운영체제 등 60여 개 서비스에서 따로 수집해왔던 개인정보를 하나로 통합하면서 사생활 침해와 개인정보 노출이라는 문제점에 봉착하게 되었습니다. 구글 서비스 사용자들은 좋든 싫든 자신의 통합 개인정보를 구글에 제공해야만 합니다. 개인정보를 제공하기 싫다면 구글 서비스를 이용하지 않으면 되지만 업무상 지메일, 구글 캘린더, 구글 문서도구를 사용하는 기업이 많고, 개인적인 SNS로 구글 플러스를 쓰는 사용자도 상당수이므로 구글 서비스를 포기할 수는 없습니다. 그렇다면 차선책으로 개인정보 노출을 최소화하는 방법을 택해야 합니다. 현재 구글이 수집하는 개인정보는 구글 대시보드(www.google.com/dashboard)에서 관리할 수 있습니다.

01 대시보드에 있는 개인정보 확인하기

개인 프로필, 이메일 주소, 이메일 사용량, 구글 토크, 전화번호, 사용하는 단말기(스마트폰, 태블릿 PC), 구독중인 RSS, 구글 사이트 도구, 구글 블로그, 구글 드라이브, 구글 캘린더, 주소록, 크롬 프린터 등 구글의 모든 서비스들을 한 번에 확인할 수 있습니다. 개인 프로필 수정으로 개인 연락처, 직장, 관심분야, 경력, 학력, 거주지, 출신 학교 등의 정보를 관리할 수 있습니다.

02 크롬 브라우저와 동기화 현황 파악하기

크롬 브라우저를 사용할 경우 자신의 북마크, 자신이 검색한 데이터, 비밀번호, 확장 프로그램 등이 컴퓨터와 구글 대시보드에 저장됩니다. 크롬 동기화는 집에서 사용하는 컴퓨터의 모든 환경을 회사의 컴퓨터에서 동일하게 적용하여 사용의 편의성을 얻기 위해 필요한 조치입니다. 그러나 개인정보 유출이나 자신의 검색 패턴과 북마크 노출이 부담스럽다면 동기화를 중지하고 데이터를 삭제합니다.

03 로그오프하기

구글 검색이나 유튜브같은 서비스를 사용할 때 로그오프 상태로 접속하면 자신이 검색한 내용이나 동영상 열람 내역이 남지 않습니다.

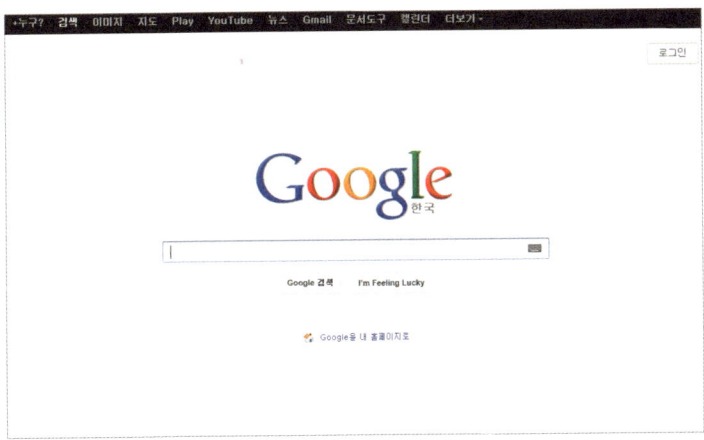

 안드로이드 폰에서도 전화, 구글 검색, 애플리케이션 등을 로그오프 상태로 사용할 수 있습니다. 하지만 지메일이나 앱스토어를 사용하려면 결국 구글 계정이 필요하기 때문에 근본적인 대책이 될 수는 없습니다.

Google
77
구글 검색 결과 삭제 요청하기

구글 검색을 통해 나타난 각종 결과 값에는 개인정보(개인 인적사항, 이메일, 주소, 사진 등)가 나오는 경우가 있습니다. 이런 경우 검색 결과를 삭제해야 하는데 다음과 같은 절차를 통해 삭제가 가능합니다. 구글 검색 결과에서 자신의 개인정보를 삭제하고자 한다면 자신의 개인정보가 노출되었는지를 확인해야 합니다. 구글 검색 엔진을 통해 자신의 이름, 전화번호, 이메일, 사진 등이 검색 엔진에 노출되었는지를 먼저 확인합니다.

---

01 콘텐츠 삭제 접속하기

'https://www.google.com/webmasters/tools/removals/'에 접속합니다.

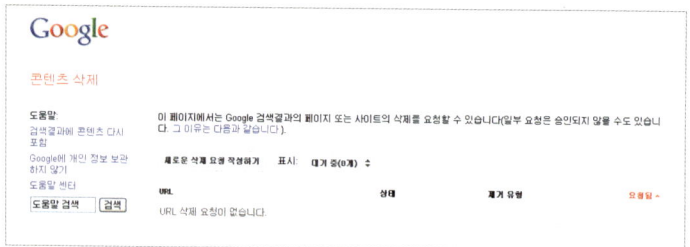

02 콘텐츠 삭제하기

[새로운 삭제 요청 작성하기]를 클릭하고 주소를 붙여넣습니다. 삭제하려는 웹 페이지의 URL(Google 검색 결과 URL)을 입력하되 URL은 대소문자를 구분합니다.

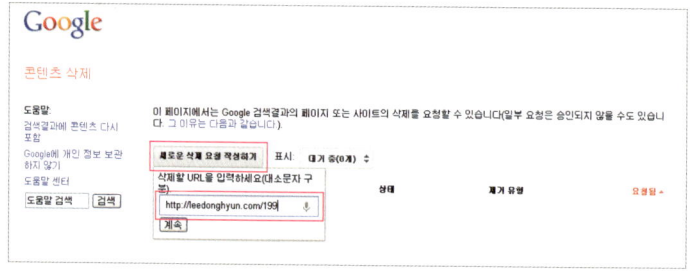

03 키워드 입력하기

삭제하고자 하는 주소가 상단에 표시됩니다. 특정 키워드를 넣을 경우 검색되지 않도록 키워드를 입력합니다.

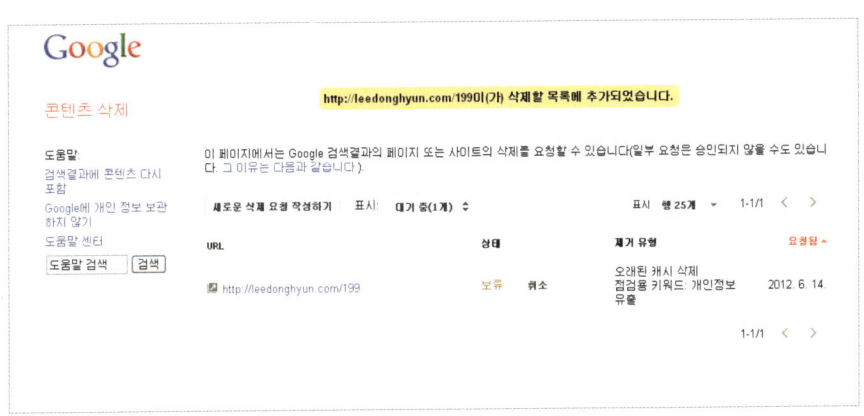

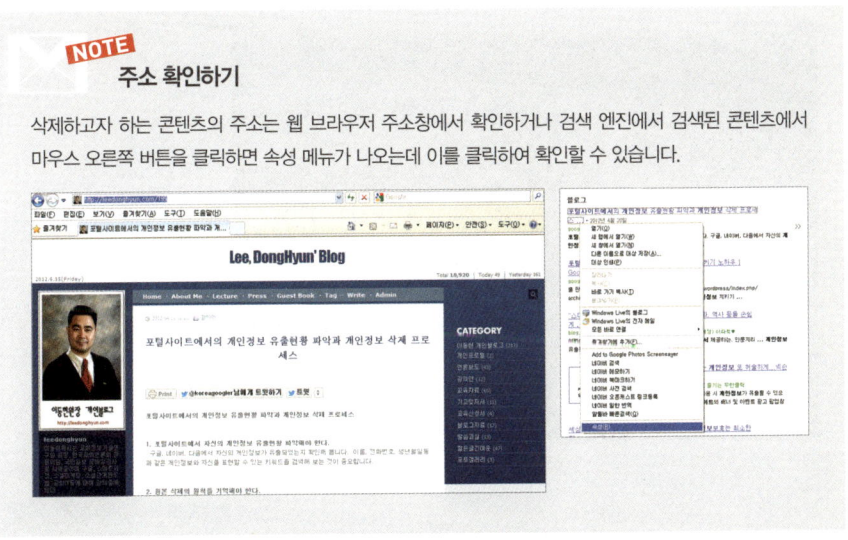

주소 확인하기

삭제하고자 하는 콘텐츠의 주소는 웹 브라우저 주소창에서 확인하거나 검색 엔진에서 검색된 콘텐츠에서 마우스 오른쪽 버튼을 클릭하면 속성 메뉴가 나오는데 이를 클릭하여 확인할 수 있습니다.

Part 4 스마트 워커들의 정보 수집 기술

04 삭제 확인하기

삭제할 콘텐츠가 등록되었습니다. 삭제할 콘텐츠 경로, 상태, 제거 유형 등이 표시되며 일정 기간이 지나면 관련 콘텐츠가 검색 엔진을 통해 검색되지 않습니다.

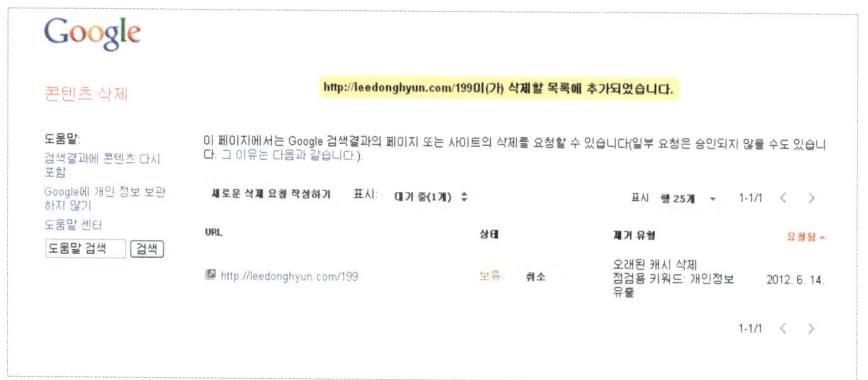

05 개인 이미지 삭제 요청하기

이미지 역시 이미지의 URL을 입력해 삭제를 요청할 수 있습니다.

06 삭제 요청 처리 과정

검색 결과에 대한 삭제 요청 후 일정기간이 지나야 콘텐츠가 삭제됩니다. 콘텐츠를 영구적으로 삭제하려면 삭제를 요청한지 90일 이내에 다음 중 하나를 수행하는데 그렇지 않을 경우, 콘텐츠가 나중에 검색 결과에 다시 표시될 수 있습니다.

① 페이지가 존재하지 않는 경우 서버에서 404(Not Found) 또는 410(Gone) HTTP 상태 코드를 표시하는지 확인합니다. HTML이 아닌 파일(예: PDF)은 서버에서 완전히 삭제합니다.

② 삭제 후에도 페이지가 존재한다면 robots.txt를 사용하여 구글의 크롤링(검색 엔진 로봇)을 차단할 수 있으며 robots.txt 파일은 반드시 서브 루트에 올려놓아야 합니다. robots.txt 파일은 어떤 디렉토리는 접근가능하고 어떤 디렉토리는 접근할 수 없도록 알려주는 파일이며 메모장을 통해 작성할 수 있습니다.

    User-agent : 수집 주체를 의미하며 *은 모든 로봇을 의미.
    Allow : 허용, Disallow : 불허용, / : 모든 것
    Crawl-delay : 방문 주기 지정(초단위)

예) 구글러 디렉토리만 수집하되 네이버의 방문주기를 30초로 한 경우

    User-agent: *
    Disallow: /googler/
    User-agent: NaverBot
    Crawl-delay: 30

NOTE 검색 결과 콘텐츠 삭제시 사용자가 알아야 할 사항

❶ 구글은 웹을 소유하고 있지 않으며 웹에서 콘텐츠를 삭제할 수도 없습니다.
❷ 구글 검색 결과에서 색인 생성된 자료는 구글이 아니라 자료를 호스팅하는 사이트의 웹 마스터가 관리합니다.
❸ 구글은 웹의 다른 사이트에서 콘텐츠를 삭제할 수 없습니다. 콘텐츠가 표시되는 사이트의 소유자가 아닌 경우, 웹 마스터에게 요청하여 콘텐츠를 삭제하거나 검색 엔진으로부터 차단해야 합니다.

ColuMn
스마트폰, 태블릿 PC, 컴퓨터들의 콘텐츠 소비 패턴

스마트폰, 태블릿 PC, 컴퓨터를 통해 업무를 효과적으로 처리하고 스마프 라이프를 즐기고자 한다면 단말기에 대한 특성과 소비패턴을 이해하고 자신에 맞는 단말기를 선택하는 것이 중요합니다.

1 | 단말기에 따라 소비되는 콘텐츠가 다릅니다.

- 스마트폰 사용자들은 주로 버스나 지인을 기다라는 약 10여 분의 자투리 시간에 가벼운 콘텐츠 소비할 수 있는 킬링 타임 콘텐츠들을 사용합니다. 예를 들면 뉴스, 만화 그리고 아고라, 미즈넷 등 우리네 삶에 대한 이야기를 다루는 가십거리 UCC 등이 이에 해당합니다.
- PC는 모든 콘텐츠를 다양하게 소비하고 있는데 TV 방송 콘텐츠, 유튜브, TV 팟 콘텐츠, 라디오, 영화, 음악 등으로 주로 뉴스, 연예, 스포츠, 정치, 경제, 문화에 이르기까지 다양한 정보를 소비하고 있습니다.
- 태블릿 PC는 주로 집과 회사에서 주로 사용하며 사용 시간대도 업무 집중 시간대이거나 퇴근 이후 잠자기 전까지의 시간대로 PC와 겹칩니다.

2 | 단말기에 따라 사용하는 장소가 다르다.

- 스마트폰은 PC가 없는 외부(거리와 버스, 지하철, 카페, 쇼핑몰 등)나 출퇴근 시간대와 잠자기 직전 침대 위에서 주로 사용합니다. PC와 비슷한 콘텐츠 소비 방식을 가지고 있습니다.
- 태블릿 PC는 영상 콘텐츠를 주로 소비하고 있습니다. 태블릿 PC의 특징상 언제나 휴대할 수 있으며 넓은 화면과 쉬운 사용법으로 인해 사용자들의 사랑을 받고 있습니다. 특히 근거리에서 사용하는 기기이기 때문에 10인치 정도면 시야를 꽉 채운 상태에서 영상을 시청할 수 있으며, 스마트폰과 달리 집, 회사에서 주로 사용하기에 안정된 자세에서 시청이 가능합니다. 지속적으로 집중하며 볼 수 있는 조건으로 잡지와 같이 특정한 분야의 전문적인 콘텐츠도 좋은 반응을 얻고 있습니다.

3 | 업무에 있어서의 처리 단말기가 다릅니다.

- 컴퓨터는 주로 영상 편집 작업, 도면 작업, 이미지 편집 작업 등과 같이 과정이 복잡한 작업에 적당합니다. 직장에서 매뉴얼 작업, 파워포인트 등과 같은 작업 시에 주로 사용합니다.
- 스마트폰은 주로 각종 문서와 메일을 확인하고 답변하는 용도로 주로 사용합니다. 대용량의 메일이나 데이터들은 클라우드에 올려놓고 다운로드 후 해당 애플리케이션과 연동하여 사용합니다.
- 태블릿 PC는 간편한 편집 작업(문서, 파워포인트, 엑셀)과 프리젠테이션 용도로 사용할 수 있으며 스마트폰과 같이 메일과 스케줄 관리 등에 효과적으로 활용할 수 있습니다.

PC 웹은 모든 콘텐츠가 소비되고 스마트폰은 뉴스와 만화, 가십거리 UCC, 태블릿 PC는 영상과 잡지 콘텐츠가 킬러 콘텐츠로 주목받고 있습니다. 각 기기가 사용되는 장소와 시간대 그리고 작동방식, 사용시간에 따라 주목받는 콘텐츠가 조금씩 다릅니다. 특히 업무 향상을 위해 스마트폰, 태블릿 PC, 컴퓨터를 사용한다면 용도와 소비패턴을 사전에 파악한후 이에 맞는 단말기 선택과 사용방법을 익히는 것이 중요합니다.

Google

PART 5

스마트 워커들의 로컬 컴퓨터

기업에서 문서 작업이나 정보 검색을 위해 컴퓨터와 프린터는 필수적인 도구입니다. 빠른 정보 검색과 번역, 즐겨찾기 동기화, 구글 클라우드 프린터 활용으로 스마트 워크가 구현 가능하게 되었습니다. 사용자들이 보유힌 로컬 컴퓨터를 어떻게 설정하느냐에 따라 외부에서 업무를 효과적으로 처리할 수 있게 되었습니다.

Google
78

구글 크롬 브라우저의 경쟁력

구글 유저들이 크롬 웹 브라우저를 사용하는 이유는 무엇일까요? 구글 크롬에서는 검색, 채팅, 이메일, 쇼핑, 은행 업무, 뉴스 읽기 및 동영상 감상 등의 온라인 작업이 대부분 브라우저를 통해 가능하기 때문입니다. 또한 컴퓨터의 시스템 사양이 낮아도 사용이 가능하며, 인터넷 익스플로러와 충돌도 없습니다. 구글 유저들이 크롬을 선호하는 이유는 기존의 웹 브라우저에 비해 프로그램이 가볍고 속도가 빠르며 외부 악성코드 및 바이러스를 차단해 주는 기능을 제공하고 있기 때문입니다.

01 북마크를 통해 유용하게 사용

웹 서핑 중에 발견한 웹 사이트나 블로그 등의 주소를 즐겨찾기하면 언제든지 방문할 수 있습니다. 또한 기존의 웹 브라우저에서 즐겨찾기 및 북마크 해놓은 목록을 가져올 수 있습니다.

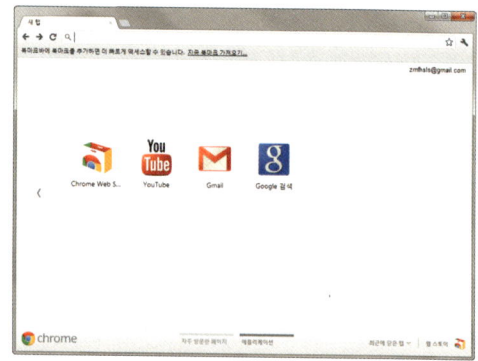

02 나만의 북마크 공유

북마크 기능을 통해 즐겨찾기를 저장 관리할 수 있습니다. 저장된 북마크는 관리자를 통해 확인하거나 수정할 수 있으며, 나아가 집과 회사에서 동일한 북마크를 보면서 작업할 수 있습니다.

03 탁월한 번역기능

외국 사이트를 서핑하며 정보를 수집해야 할 때에는 구글 크롬을 이용하는 것이 좋습니다. 구글만의 특별한 번역 기능을 브라우저 상에서 사용할 수 있기 때문입니다.

04 클라우드 프린팅

구글 클라우드 프린팅을 이용하면 언제 어디서나 스마트 디바이스를 통해 자료를 출력할 수 있습니다. 기존 방식과 달리 인터넷만 연결되어 있다면 장소의 제한 없이 인쇄물을 얻을 수 있습니다.

Google 79
구글 크롬 설치하기

크롬 브라우저는 악성코드와 피싱 방지 기능에 탁월하기 때문에 다른 브라우저에 비해, 보다 안전한 웹 환경을 제공하고 있습니다. 크롬 브라우저는 창이 간결하게 정돈되어 있어 효율성과 편리성을 제공하면서도 안전하게 업무를 처리할 수 있는 기업내 웹 환경을 제공할 것입니다.

01 크롬 설치하기

구글 크롬 브라우저 다운로드 페이지에서(http://goo.gl/0VZXm) [다운로드 크롬]을 클릭합니다.

02 약관 동의하기

약관 화면에서 [동의 및 설치]를 클릭합니다.

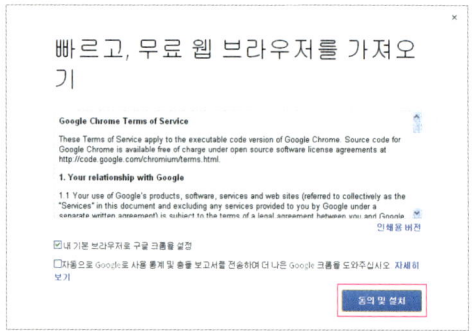

03 설치 완료하기

[계속]을 클릭합니다. 크롬 브라우저가 자동으로 설치됩니다.

 크롬 브라우저가 세계적인 브라우저가 될 수 있었던 이유는 속도(Speed), 보안(Security), 단순성(Simplicity), 동기화(Sync)입니다.

Google
80

타 브라우저의 북마크 가져오기

자주 방문하는 사이트나 정보가 있는 페이지를 즐겨찾기(북마크)해 두면 매우 편리합니다. 그러나 브라우저를 새로 설치하거나 컴퓨터를 포맷하는 등 환경에 변화가 생기면 그간 모아둔 북마크가 사라져 불편한 상황이 생기기도 하지요. 구글 크롬 브라우저에서는 기존에 사용하던 브라우저의 북마크를 그대로 가져올 수 있습니다.

01 북마크 설정하기

설정 아이콘(🔧)을 클릭하고 [북마크]의 [북마크 및 설정 가져오기...]를 선택합니다.

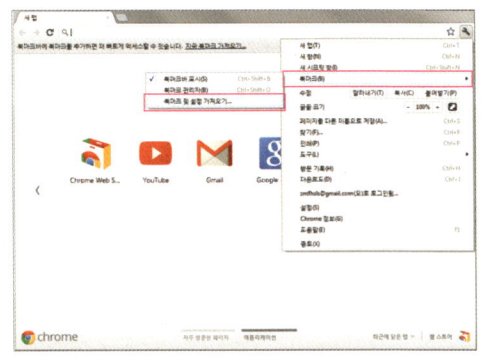

02 데이터 가져오기

환경설정 화면으로 이동하면서 [북마크 및 설정 가져오기] 대화상자가 나타납니다. 가져올 항목을 선택하고 [가져오기]를 클릭합니다.

> **Tip** 구글 크롬에서 북마크바를 항상 보이게 하려면 [설정]에서 [북마크바 항상 표시]를 체크합니다.

Google
81

나만의 북마크 설정과 폴더만들기

웹 서핑을 하다보면 자연스럽게 웹 서핑 주소를 관리해야 할 필요성이 생기는데, 이런 경우 북마크를 만들어 관리해야 합니다. 북마크를 만들 경우 북마크에 들어갈 웹 주소들을 자신만의 카테고리로 분류하고 폴더를 생성하여 관리합니다.

01 북마크할 페이지에 접속

즐겨찾기로 추가하고 싶은 페이지에 접속합니다.

02 즐겨찾기 등록하기

주소창의 별 모양 아이콘을 클릭하면 북마크가 추가됩니다. [이름]과 [폴더]를 설정할 수 있습니다. 폴더를 만들어 사용할 경우 관련된 사이트나 블로그를 함께 관리할 수 있어 편리합니다.

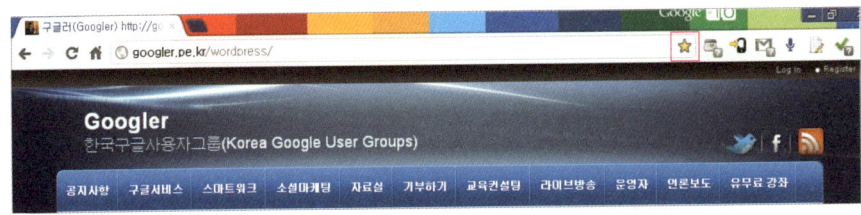

03 북마크 관리하기

오른쪽 상단에 있는 설정 아이콘(🔧)을 클릭하고 [북마크]-[북마크 관리자]를 선택하면 아래와 같은 화면이 나옵니다.

04 폴더 만들기

오른쪽 화면에서 마우스 오른쪽 버튼을 클릭하면 페이지를 추가할 수 있습니다. 폴더를 만들면 왼쪽 북마크바에 폴더가 생깁니다.

> **Tip** 북마크 관리자를 통해 폴더 안에 있는 북마크들을 이동, 삭제 수정할 수 있습니다.

Google
82

어디서든 동일한 북마크 사용하기

북마크 동기화 서비스를 이용하면 북마크 정보가 자신의 구글 계정에 저장되어 집이든 사무실이든 어디서나 같은 북마크를 이용할 수 있습니다. 회사에서 사용하는 컴퓨터와 개인적인 용도로 사용하는 컴퓨터에서 같은 북마크를 확인할 수 있어 편리합니다.

---

01 환경설정 화면 접속하기

구글 크롬 브라우저에서 설정 아이콘(🔧)을 누르고 [설정]을 클릭하여 환경설정 화면을 엽니다.

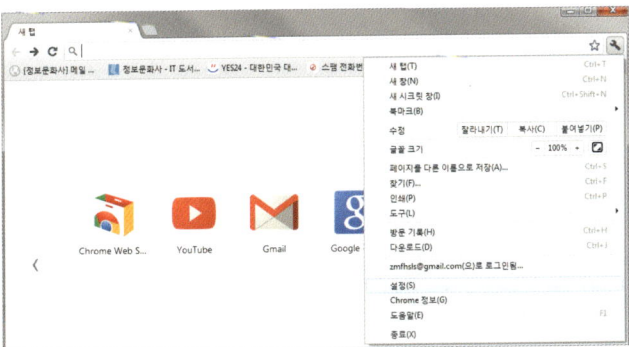

02 계정 확인하기

로그인 된 계정을 확인하고 로그인 되어 있지 않다면 동기화할 지메일 계정으로 로그인 합니다. 로그인 된 후에 [고급 동기화 설정...] 버튼을 클릭합니다.

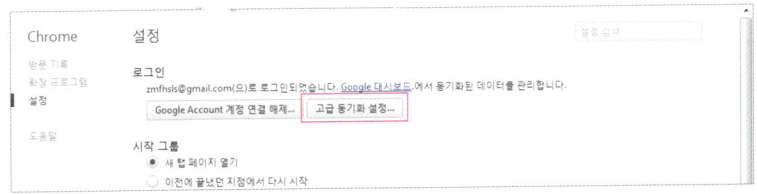

03 동기화 항목 선택하기

동기화할 항목을 선택하고 데이터를 암호화할 수 있습니다.

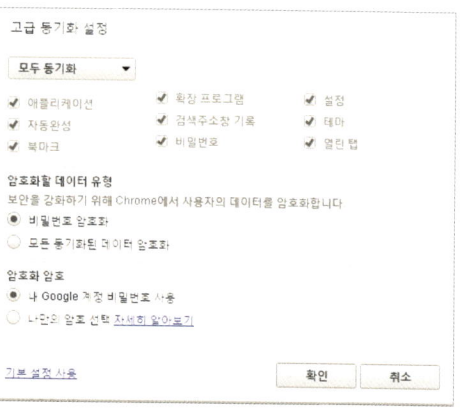

> **NOTE 북마크 관리자**
>
> 북마크 관리자는 설정 아이콘을 클릭하고 [북마크]-[북마크 관리자]를 클릭해 즐겨찾기를 관리할 수 있는 기능입니다. 즐겨찾기를 이동, 삭제하거나 즐겨찾기의 이름을 변경하는 등의 전반적인 관리할 수 있습니다.

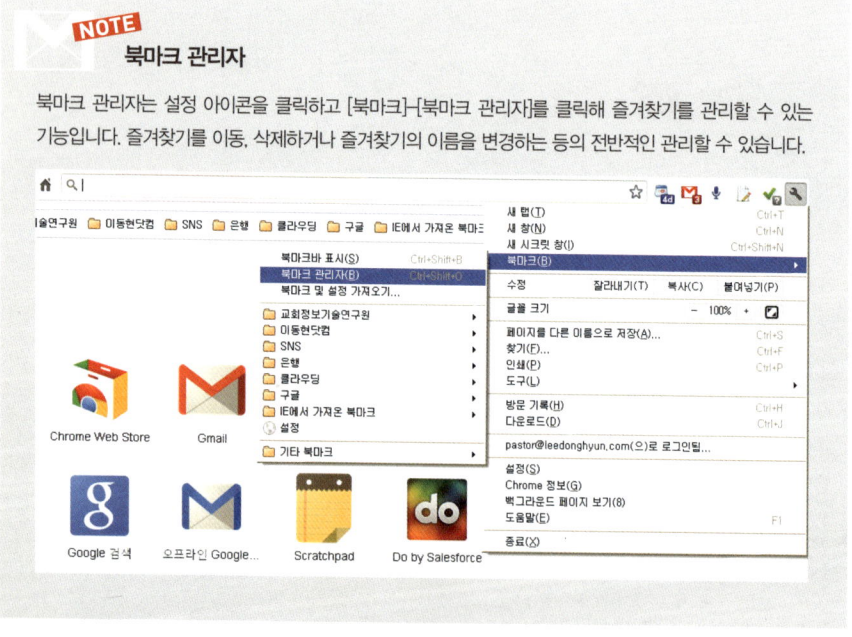

Google 83

구글 툴바 설치하기

구글 툴바는 익스플로러나 파이어폭스용으로 제공하는 프로그램으로, 프로그램을 설치하면 크롬 브라우저와 비슷한 정도의 번역 기능을 사용할 수 있습니다. 구글 툴바를 사용하면 웹 어디에서나 구글로 검색할 수 있으며, 외국 웹 사이트에서도 자동으로 모국어로 번역해 줍니다.

01 구글 툴바 접속하기

구글 메인 화면에서 [더보기]의 [모두 보기]를 클릭하고 전체 제품 화면에서 툴바를 선택하거나 구글 툴바 페이지에 접속합니다.

02 구글 툴바 설치하기

구글 툴바 다운로드를 클릭해 툴바를 설치하면, 익스플로러 화면에 구글 툴바가 나타납니다. [더보기]를 클릭해 구글 툴바의 다양한 기능을 사용할 수 있습니다.

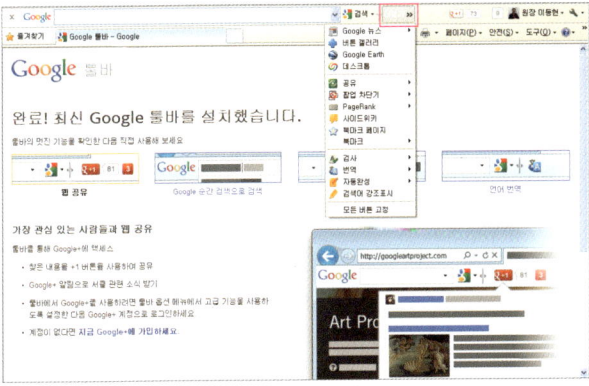

Google
84

구글 툴바로 검색하기

크롬 브라우저를 사용하지 않는 유저가 구글의 번역 서비스 등을 이용하고자 할 경우에 설치하여 사용합니다. 구글 툴바를 사용하게 되면 툴바에서 구글 검색 엔진의 결과 값을 얻게 되며 나아가 해외 사이트 등을 자동으로 번역해 주는 역할을 하게 됩니다.

---

01 검색어 입력하기

구글 사이트에 접속하지 않아도 구글의 검색 결과를 확인할 수 있습니다. 툴바에서는 사용자의 검색기록을 바탕으로 추천 검색어를 지원하고 있습니다.

 구글 툴바를 통해 검색할 경우 추천 검색어를 통해 찾고자 하는 검색어를 찾거나, 검색 옵션을 통해 정보를 찾을 수 있습니다.

02 구글 툴바로 자신의 캘린더 일정을 검색하기

검색어를 입력하고 [검색]의 [더보기]를 선택한 후 [Google 캘린더]를 클릭합니다. 검색어와 일치하는 일정이 표시됩니다.

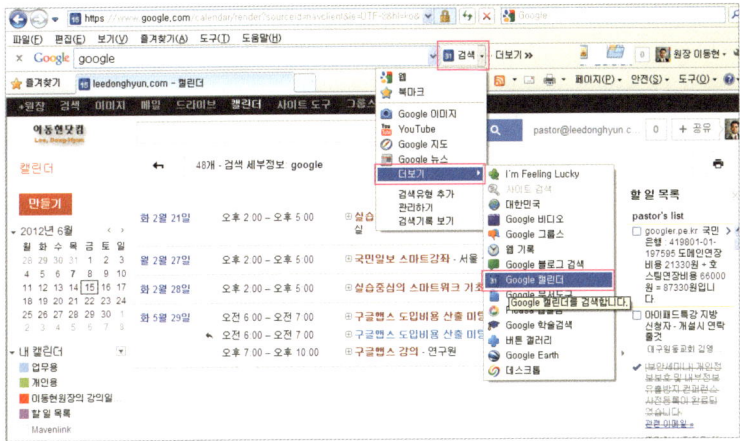

03 구글 드라이브에 있는 문서 검색하기

찾고자 하는 문서의 키워드를 검색창에 넣고 [검색]의 [더보기]를 선택한 후 [Google 문서 도구]를 클릭합니다. 검색어와 일치된 문서들이 나타납니다.

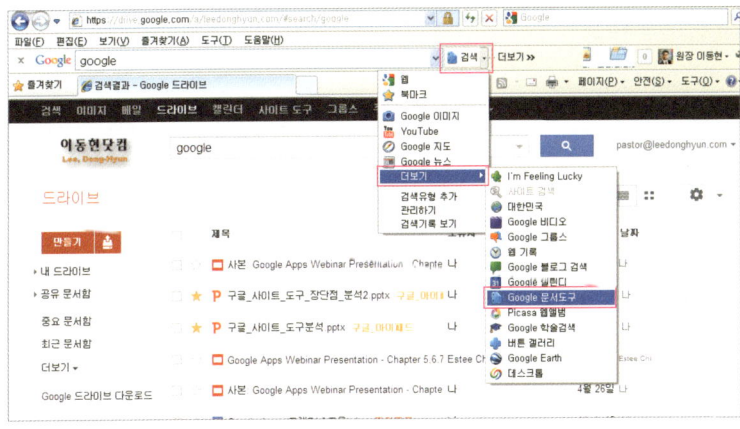

Google
85

구글 툴바로 외국 사이트 번역하기

구글 툴바를 통해 외국 사이트에 부담 없이 다가 설 수 있습니다. 구글 번역 사이트에 들어가지 않고도 필요한 정보를 쉽게 번역하여 볼 수 있도록 지원하고 있습니다. 외국 홈페이지나 블로그에서 제공하는 정보를 한국어로 쉽게 볼 수 있습니다. 물론 100% 완전하게 번역되는 것은 아니지만 대충의 내용을 이해하는 데는 별 문제가 되지 않습니다.

01 외국 사이트 접속하기

외국 사이트에 방문합니다. 구글 툴바를 설치하지 않은 익스플로러 브라우저에서는 영문으로 표시됩니다.

02 번역하기

툴바의 [더보기]를 클릭하고 [번역]-[번역]을 선택합니다.

03 번역 확인하기

구글 툴바가 페이지를 번역하고 설정 바를 표시합니다.

NOTE 구글 툴바 서비스 활성화와 비활성화

툴바의 단추들이 너무 많으면 도리어 불편할 수 있는데 그런 경우 사용하고 싶지 않은 단추에 마우스 오른쪽 버튼을 클릭해서 버튼 숨기기를 통해 보이지 않게 할 수 있습니다. 다시 보이게 하고 싶은 경우에는 버튼 표시 메뉴를 이용하면 됩니다.

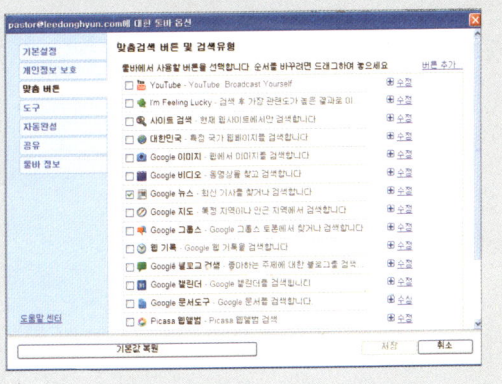

Google
86
구글 크롬으로 일본 사이트 자동 번역하기

구글 크롬은 구글 번역 기능을 이용해 어느 나라 사이트든지 마음대로 검색하고, 검색된 내용을 모국어로 볼 수 있다는 것이 가장 큰 장점입니다. 외국어를 모국어처럼 번역하지는 못해도 어느 정도 이해할 수 있을 만큼의 번역 수준이 되기 때문에 번역기를 통해 해당 국가 포털 사이트의 정보와 국내 포털 사이트의 차이점을 비교할 수 있습니다. 구글 번역기를 활용하는 실제 예시를 보면서 알아보도록 하겠습니다.

01 사이트 접속하기

일본 구글 사이트(http://google.co.jp)에 접속합니다. '독도'라는 검색어를 통해 일본 사람들의 독도에 대한 생각을 읽어 보려고 합니다.

> **NOTE** 외국어로 검색하기
>
> 외국 구글에서 검색할 때에는 해당 국가의 언어로 변환해 검색합니다. 구글 번역기(http://translate.google.co.kr/)를 통해 독도를 한자로 변경한 후 검색하는 것이 좋습니다.
> (독도 : 獨島)

02 페이지 번역하기

원하는 페이지를 클릭하고 [번역]을 클릭하면 한글로 번역된 글을 볼 수 있습니다.

 검색이 필요할 경우 대부분 국내 포털 사이트를 통해 정보와 자료를 확보합니다. 그러나 구글 번역기와 크롬 브라우저(구글 툴바)만 있으면 외국의 사이트에서 내가 얻고자 하는 정보를 쉽고 빠르게 얻을 수 있습니다.

NOTE 해외 사이트 정보 얻기

해외 여행을 준비할 때 국내 포털 사이트에서 찾을 수 없는 자료를 얻고자 한다면 해당 국가의 포털 사이트에 방문하여 검색하면 더 많은 정보를 찾을 수 있습니다. 해당 국가의 포털 사이트에 방문한 후 구글 번역기를 이용해 해당 국가의 자료를 검색합니다. 자료 검색 결과는 크롬 브라우저에서 자동으로 번역됩니다. 이 기능을 통해 더욱 많은 정보를 얻을 수 있습니다.

Google
87
구글 클라우드 프린터로 문서 인쇄하기

구글 클라우드 프린터를 설치하려면 크롬을 설치해야 합니다. 구글 크롬에서 간단한 설정만으로 클라우드 프린터(서버)를 등록할 수 있으며 어떤 환경에서도 클라우드 프린터를 사용할 수 있는데, 이는 크롬이 설치된 로컬 PC에 등록된 프린터를 다른 외부기기와 공유할 수 있는 기능입니다. 일반적으로 PC에서 프린터를 공유하는 기능 외에도 구글에서 작업한 문서들을 모바일 기기와 연동하여 인쇄할 수 있습니다.

01 구글 크롬 설치

클라우드 프린트를 사용하려면 먼저 최신 버전의 크롬이 설치되어 있어야 합니다.

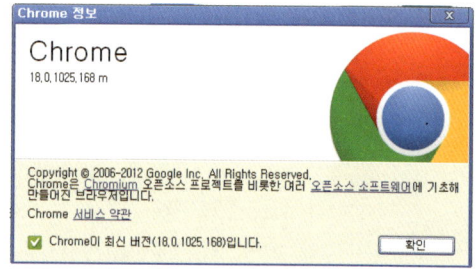

02 클라우드 프린터 활성화하기

설정 아이콘(🔧)을 누르고 [설정]을 클릭합니다. [설정] 화면에서 [Google 클라우드 프린트 커넥터 사용]을 클릭합니다.

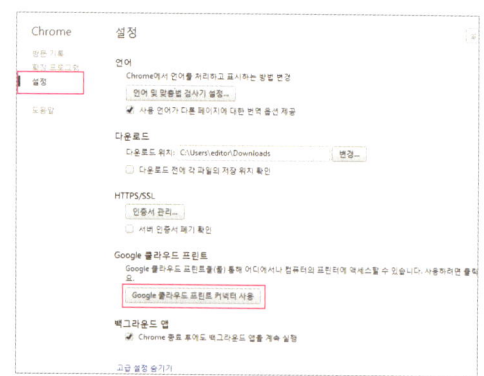

03 프린터 설치하기

[일반 프린터 추가]를 클릭해 프린터를 추가합니다.

04 테스트 페이지 인쇄하기

클라우드 프린트는 구글에서 제공하는 서비스이기 때문에 모바일 구글 문서도구나 지메일의 첨부 파일을 인쇄할 수 있습니다.

> **Tip** 클라우드 프린터 관리는 구글 크롬 브라우저를 통해 공유되는 서비스로, 관리 또한 크롬에서 할 수 있습니다. 크롬의 옵션에서 고급 설정의 인쇄 설정 관리에서 설정합니다.

Google
88

기업에서 구글 피카사를 사용하면

구글 피카사를 사용하면 기업용 홈페이지나 블로그에 올려 놓은 사진에 대한 트래픽 문제는 더 이상 일어나지 않습니다. 기업용 홈페이지와 블로그에 이미지를 올려놓으면 방문자로 인해 트래픽이 발생하는데 이로 인해 홈페이지나 블로그가 다운되는 현상이나 접속 불량 현상이 나타날 수 있습니다. 이러한 현상을 사전에 예방하거나 사내 공개용 자료들을 올려야 할 경우에 구글 피카사를 활용하는 것이 좋습니다(http://picasa.google.com).

01 1GB 이미지 호스팅 공간으로 활용할 수 있습니다.

구글 피카사는 업로드 용량 제한 없이 전체 사용 공간 1GB 제한 내에서 사용할 수 있으며 유료로 구입할 경우에는 1년에 10GB 용량을 20달러에 사용할 수 있습니다. 피카사는 내 컴퓨터에 있는 사진을 업로드하거나 구글 플러스, 블로그 등에 있는 자료들을 일괄 백업이나 개별적으로 백업할 수 있습니다. 업로드된 블로그의 이미지를 사이트 도구나 블로그와 연결하여 이미지 호스팅 개념으로 활용하거나 구글 플러스에 있는 사진들을 태그하여 친구들과 공유할 수 있습니다.

02 이미지를 공개, 비공개, 특정 멤버들에게 공개할 수 있습니다.

피사카 웹 앨범에 업로드한 이미지는 비공개, 공개, 특정 멤버에게만 공유할 수 있습니다. 특히 이미지의 재사용과 관련하여 권한을 설정할 수 있습니다. 즉 이미지마다 재사용 금지, 리믹싱 허용, 상업적 사용 허용 등의 권한 설정을 통해 업무에 활용할 수 있다는 것이 가장 큰 장점입니다.

03 웹과 스마트 디바이스와의 동기화로 인해 사진 관리가 쉬워졌습니다.

디지털 카메라에서 촬영한 고용량 파일을 인터넷에 올리게 되면 이미지가 너무 커서 볼 수 없는 경우가 발생합니다. 이런 경우 리사이즈해야 하는데 구글 피카사에서는 웹에서 쉽게 확인할 수 있도록 자동으로 리사이즈가 이루어집니다.

04 구글 플러스의 사진을 가져와서 관리할 수 있습니다.

구글 플러스에 올라가 있는 사진들을 피카사로 다운로드받거나 구글 플러스에 사진을 업로드할 수 있습니다. 스마트폰이나 태블릿 PC에서 촬영한 사진이나 콘텐츠들을 쉽게 업로드할 수 있습니다.

05 피카사 웹 앨범은 설치용 프로그램을 제공합니다.

프로그램을 통해 기본적인 보정과 이미지 회전, 적목 현상, 자르기, 크기 조정 등을 지원함에 따라 간단한 편집에도 유용하며 특히 쉽고 빠르게 이미지를 검색할 수 있습니다.

기업에서 피카사를 활용하려면 피카사 설치형 프로그램을 개별 컴퓨터에 설치하고 이미지를 개별적으로 편집하고 수정한 후 웹 피카사에 관련 이미지를 올리기만 하면 언제 어디서나 편집, 수정, 인쇄 등을 할 수 있어 편리합니다. 특히 피카사에 올린 이미지를 기업 홈페이지나 블로그에 링크를 걸어서 사용할 수 있어, 메일로 이미지를 보낼 경우 첨부 파일이 아닌 경로나 피카사 공유 기능을 통해 업무에도 적극 활용 가능합니다

Google
89

피카사 설치하기

구글 피카사는 사진을 편집하여 구글 플러스, 구글 블로그에 올릴 수 있는 설치형 무료 프로그램입니다. 피카사 홈페이지(http://picasa.google.com)에서 다운로드받아 설치할 수 있습니다.

01 피카사 다운로드 받기

피카사 홈페이지에서 프로그램을 다운로드받습니다.

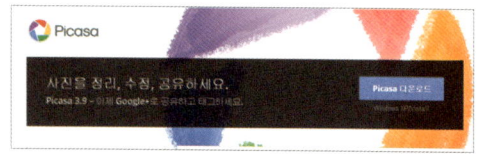

02 피카사 설치하기

다운로드받은 피카사 파일을 설치합니다. 동의함을 클릭하여 설치합니다.

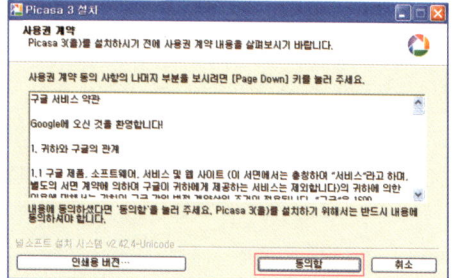

03 설치 완료하기

피카사 프로그램이 설치 완료되면 [마침]을 클릭해 피카사를 실행합니다.

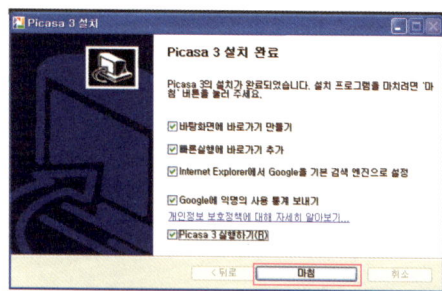

Google
90

피카사로 사진 편집하기

스마트폰으로 촬영한 사진을 구글 플러스에 업로드하고 사진을 편집하고자 하는 경우나 디지털 카메라로 촬영한 사진을 보정하기 위해 편집해야 할 경우 피카사로 보정이 가능합니다. 손 흔들림, 색상 등의 문제를 손쉽게 보정할 수 있습니다.

01 사진 불러오기

피카사를 실행하고 사진을 불러옵니다. 컴퓨터에 저장된 사진이나 구글 플러스에 올라와 있는 사진을 불러올 수 있습니다.

02 텍스트 입력하기

사진에 원하는 텍스트를 입력할 수 있습니다.

03 강조하기

사진의 일부분을 흑백으로 처리할 수 있습니다.

04 테두리 넣기

사진에 테두리를 넣어서 작품 사진처럼 만들 수 있습니다.

> **Tip** 스마트폰에서 촬영한 이미지를 데스크톱용 피사카를 통해 편집하고 편집된 이미지를 구글 사이트 도구나 구글 블로그에서 불러와 사용할 수 있습니다. 구글 피카사에 올려진 이미지는 구글 검색 엔진을 통해 노출되며 구글 사이트 도구와 구글 블로그를 통해서도 외부에 노출되기 때문에 기업의 상품이나 기업 이미지 향상에 도움이 됩니다.

Google
91

피카사 사진을 블로그에 올리기

피카사에 있는 사진들을 구글 블로그에 업로드할 수 있습니다.

01 사진 불러오기

왼쪽에 있는 카테고리에서 블로그에 올릴 사진을 선택합니다.

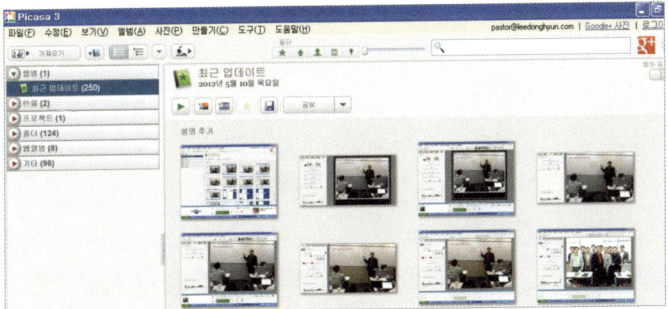

02 블로그에 게시하기

[만들기]를 선택한 후 [Blogger에 게시]를 선택합니다.

03 블로그 선택하기

선택한 사진을 올릴 블로그를 선택하고 레이아웃과 이미지 크기를 지정한 후 [계속]을 클릭합니다.

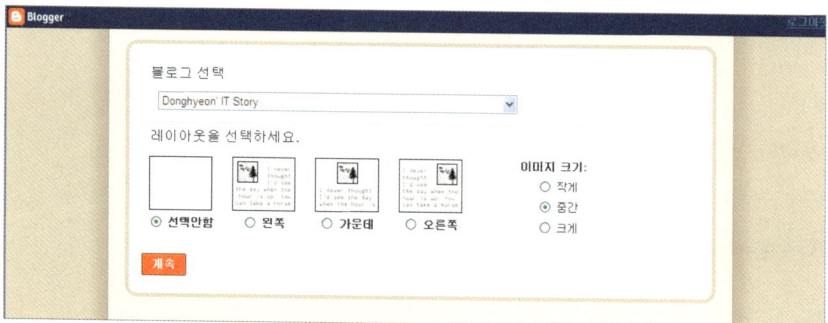

04 제목 입력하기

블로그에 올린 제목과 내용을 입력합니다.

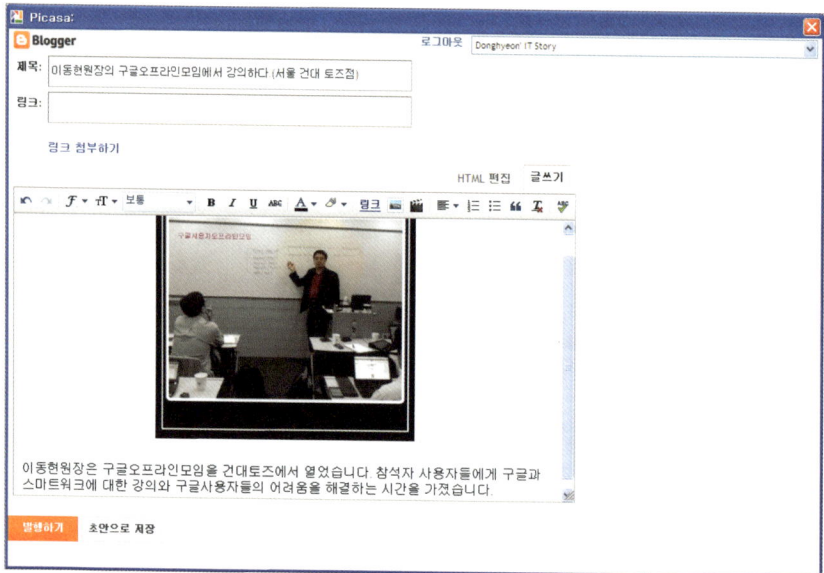

Google
92

피카사 공유하기

내 컴퓨터에 있는 사진들을 공유하고자 한다면 왼쪽에서 공유할 폴더나 사진을 선택하고 [공유]를 클릭합니다. 공유할 경우에는 다른 사람들도 볼 수 있지만 단순히 업로드하면 업로드한 사람만이 볼 수 있습니다.

01 업로드하기

공유하고자 하는 항목에서 마우스 오른쪽 버튼을 클릭하고 [Google+ 사진에 업로드]를 선택합니다.

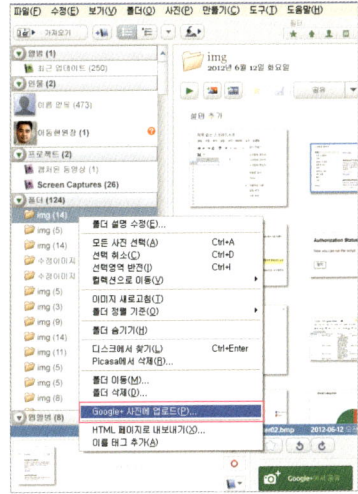

Tip ▶ 기업 홈페이지 방문자가 많아 트래픽이 발생한다면 피카사에 사진을 올린 후 트래픽을 분산 처리할 수 있습니다. 피카사에 올리는 웹용 이미지들은 거의 대부분 기본 제공 용량에 제한 없이 사용할 수 있습니다.

02 사진 공유하기

사진을 공유할 사람에게 이메일을 보낼 수 있으며 업로드와 함께 공유가 이루어집니다.
[공유]를 클릭합니다.

03 업로드 확인하기

정상적으로 업로드 된 것을 확인합니다.

Google
93

기업에서의 유튜브 활용법

구글 사이트 도구를 통해 사내 직원 연수용 페이지를 만들어 직원 교육용으로 유튜브를 활용할 수 있습니다. 일반적으로 유튜브 동영상들은 대부분 공개 설정을 통해 열람하지만 비공개 설정 기능을 활용하면 직원 연수용 페이지로 직원들만을 위한 교육용 페이지를 만들 수 있습니다. 도메인 내부에서 공유할 수 있는 구글 비디오를 사용할 경우에는 유료 버전인 구글 앱을 사용해야 하는데, 유튜브의 비공개 기능을 이용하면 25명 이내의 회사의 경우에는 사내에서만 공유할 수 있고 공유하는 동영상을 무료로 전송할 수도 있습니다.

01 동영상 비공개 설정하기

녹화된 유튜브 동영상을 비공개로 설정하기 위해서는 유튜브에 로그인한 후 동영상 관리자를 클릭합니다. 해당 동영상을 비공개로 설정합니다.

02 주소 복사하기

비공개한 동영상의 임베드 주소를 복사해 둡니다. 복사한 주소를 구글 사이트 도구나 구글 블로그에 넣으면 사내 교육용으로 유튜브를 사용할 수 있습니다.

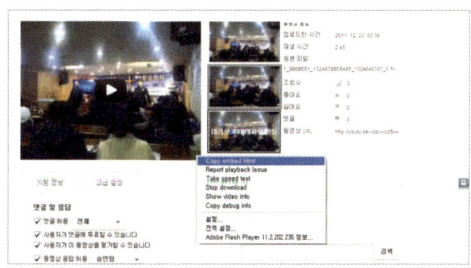

03 동영상 편집하기

유튜브에서 제공하는 간단한 수정 툴을 통해 손 떨림 문제, 영상효과, 자막, 배경음악 등을 삽입하여 편집합니다. 말풍선, 메모, 제목, 스포트라이트 등의 효과를 이용하면 교육용 콘텐츠도 어렵지 않게 제작할 수 있습니다.

> **NOTE 유튜브에서 영상 편집**
>
> 프리미어, 베가스, 윈도우 뮤비 메이커를 사용하지 않고 유튜브만으로 동영상 편집을 쉽게 할 수 있습니다. 스마트 디바이스를 통해 촬영된 동영상을 기업 홈페이지나 블로그에 업로드한 후, 자신의 유튜브 계정에서 수정, 편집할 수 있습니다.

Google
94

유튜브 동영상을 기업 SNS와 공유하기

유튜브에 올라와 있는 동영상 콘텐츠들을 기업용 소셜 네트워크 서비스인 페이스북과 트위터를 통해 공유할 수 있고 유튜브에 있는 유익한 동영상들을 사내 페이스북이나 트위터에 올려 직원들과 함께 공유할 수 있습니다.

01 유튜브 로그인하기

유튜브 사이트에 접속한 후 로그인합니다(http://youtube.com).

02 동영상 선택하기

공유하고 싶은 동영상을 검색하여 원하는 동영상을 찾았다면 동영상 하단에 있는 페이스북, 트위터의 아이콘을 클릭합니다.

03 내용 작성하기

프로필에 올리기 창이 나타나면 선택한 동영상에 대한 설명을 간단하게 작성 후 [공유하기]를 클릭합니다. 페이스북 로그인 상태가 아니면 페이스북 로그인창이 나타나며 로그인을 해야 콘텐츠를 올릴 수 있습니다.

04 콘텐츠 재생하기

자신의 프로필 담벼락에 콘텐츠가 올라가면 업로드된 동영상을 재생해 확인할 수 있으며 [공유하기]를 클릭하여 친구들과 콘텐츠를 공유할 수 있습니다.

Google
95

유튜브 동영상을 내 블로그에 넣는 방법

유튜브와 같은 동영상 스트리밍 사이트에 올라와 있는 것을 내 블로그에 담으려면 스크립트 코드가 필요합니다. 유튜브에서는 퍼가기 등을 통해 블로그에 담을 수 있도록 서비스를 제공하고 있습니다.

01 영상 선택하기

유튜브에서 원하는 영상 또는 자신의 유튜브 동영상을 선택합니다.

02 소스 복사하기

선택한 영상 하단에 있는 소스코드를 클릭하고 복사합니다.

03 상세 설정하기

소스 복사 시 사용할 재생 버튼, 색상, 플레이어 크기 등을 직접 소스 코드에서 변경할 수 있으며 컬러 박스와 사이즈 박스를 이용하여 변경 가능합니다.

04 태그로 입력하기

html 글쓰기 모드에서 원하는 위치에 복사한 태그를 붙여 넣습니다.

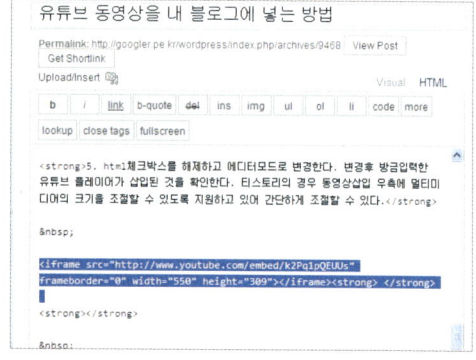

05 동영상 확인하기

변경 후 방금 입력한 동영상이 삽입된 것을 확인할 수 있습니다. 티스토리의 경우 동영상 삽입 오른쪽에 멀티미디어의 크기를 조절할 수 있도록 지원하고 있어 간단하게 조절할 수 있습니다.

 유튜브 동영상을 구글 사이트 도구로 제작한 기업 홈페이지, 사내 인트라넷, 구글 블로그 등에 올릴 경우에는 반드시 HTML 모드에서 작성한 후 저장해야 합니다(http://goo.gl/Mefvr).

Column

드롭박스 100% 활용하기
- 드롭박스오토메이터(Dropboxautomator)

드롭박스는 국내 클라우드 서비스에 비해 무료 용량이 작지만, 외부 서비스와 연동할 수 있어 활용도는 더 높습니다. 특히 드롭박스 오토메이터(Dropbox automator)는 드롭박스(Dropbox)에 올려진 다양한 파일에 자동으로 다양한 액션을 주는데, 문서 파일을 PDF로 변환하거나 이미지 크기 변환 및 이미지 플리커 업로드, 파일 이메일 전송 등을 자동으로 할 수 있습니다(관련 홈페이지 : http://dropboxautomator.com/#).

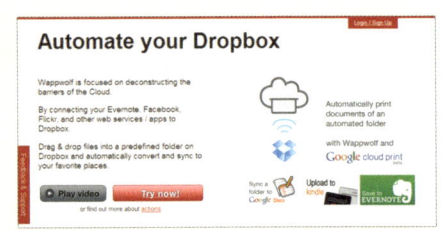

1 | 드롭박스에 저장된 파일을 다양하게 자동으로 처리합니다.

드롭박스가 제공하는 기본적인 스토리지 서비스로써의 기본적인 기능과 함께 드롭박스 연동시 특정 폴더를 선택한 후 원하는 액션을 지정하면, 이후부터는 선택한 폴더에 파일이 저장되면서 지정된 액션을 자동으로 수행합니다. 드롭박스와 오토메이터의 동기화를 위해 [allow]를 선택합니다.

2 | 동기화하고자 하는 폴더를 선택합니다.

오토메이터 폴더를 선택합니다. 만약 오토메이터 폴더가 없다면 폴더를 만듭니다.

― Column

3 | 변형하고자 하는 파일 형식을 선택합니다.

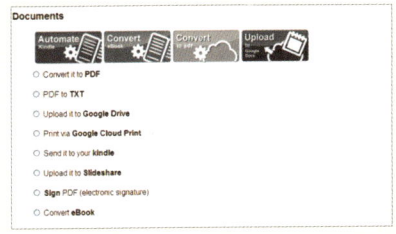

4 | 선택한 파일이 어떤 형식의 파일을 변환되는지를 확인한 후 액션을 추가해 줍니다.

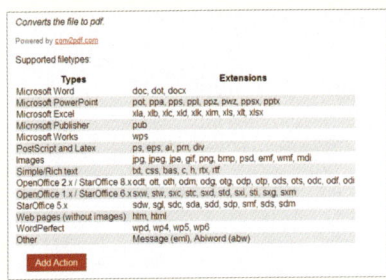

5 | 액션이 추가되면 지정된 액션을 통해 자동으로 업무가 처리됩니다.

문서를 PDF로 변환, 구글 문서 업로드, 슬라이드쉐어 업로드, 페이스북 사진 업로드, 플리커 사진 업로드, 이미지 로고 넣기, 파일 이메일 전송, ZIP 압축, 이름 바꾸기, 암호화 하기, FTP 서버 보내기 등 다양한 액션을 자동으로 수행합니다. 드롭박스와 오토메이터를 함께 활용하면 페이스북이나 플리커에 사진을 쉽게 업로드 할 수 있습니다.

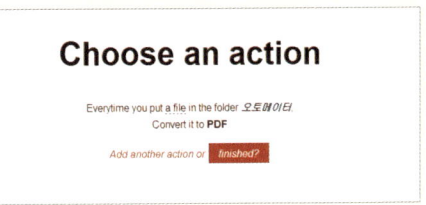

Google

PART 6

기업 업무에 바로 적용하는 구글 서비스

스마트 워크 시대에는 서울에 근무하는 직원이 출장을 위해 해외나 지방으로 내려가지 않고도 멀리에 있는 직원과 얼굴을 마주보고 회의자료를 공유하면서 업무를 진행할 수 있습니다. 구글 플러스의 구글 행아웃을 통해 화상회의를 진행하고 구글 드라이브를 통해 문서를 공유하고, 유튜브를 통해 자료화면을 공유할 수 있기 때문입니다.

Google
96

중소기업에서 구글 플러스를 활용해야 하는 이유

기업에 있어 가장 중요한 것은 내부 직원들의 협업과 홍보, 마케팅이라고 할 수 있습니다. 기업의 브랜드와 상품을 쉽고 간단하게, 그러면서도 효과적으로 알릴 수 있는 장치가 바로 구글 플러스입니다. 또한 사내 업무를 처리하거나 해외나 지방에 있는 기업 간의 화상 회의 및 협업을 구글 플러스를 통해 실현시킬 수 있습니다.

01 검색 엔진에 기업이 효과적으로 노출

구글 플러스를 사용하는 기업의 이름을 구글 검색 엔진에서 검색하면 다른 소셜 네트워크 서비스를 이용하는 회사보다 높은 순위에 나타납니다. 또한 가장 상위에 구글 프로필 정보가 나타나기 때문에 기업에 대해서 알릴 수 있는 좋은 수단이 되어줍니다. 기업 브랜드가 많이 알려져 있지 않은 중소기업의 경우, 구글 플러스의 홍보 능력을 활용하여 잠재 고객들에게 자신들의 정보를 쉽게 보여줄 수 있습니다.

02 언제 어디서나 무료로 영상 회의

구글 행아웃은 서클의 멤버들과 화상 회의를 할 때 유용하며 화면 공유 기능이 훌륭하여 업무처리에 충분히 활용할 수 있습니다. 물론 인터넷 환경에 따라 화질과 해상도에 차이가 날 수 있지만 구글 플러스의 행아웃은 직원들이 여러 사무실에 나뉘어 근무하는 조직에게는 유용한 도구가 될 것입니다. 언제 어디서나 구글 플러스 행아웃을 통해 회의 진행이 가능합니다.

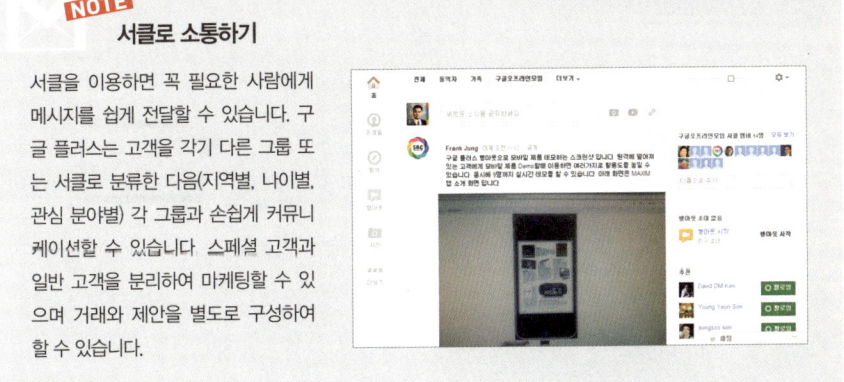

NOTE 서클로 소통하기

서클을 이용하면 꼭 필요한 사람에게 메시지를 쉽게 전달할 수 있습니다. 구글 플러스는 고객을 각기 다른 그룹 또는 서클로 분류한 다음(지역별, 나이별, 관심 분야별) 각 그룹과 손쉽게 커뮤니케이션할 수 있습니다. 스페셜 고객과 일반 고객을 분리하여 마케팅할 수 있으며 거래와 제안을 별도로 구성하여 할 수 있습니다.

Google
97

구글 플러스 계정 만들기

구글 플러스는 구글이 내놓은 소셜 네트워크 서비스입니다. 구글 플러스는 구글의 모든 서비스와 연동이 되어 지메일, 구글 맵, 유튜브, 피카사, 구글 토크 등 다양한 구글 서비스와 공유할 수 있습니다. 구글 플러스는 크게 홈, 프로필, 탐색, 행아웃, 사진, 서클 등으로 구분되어 있습니다.

01 구글 플러스 가입하기

구글에 가입하거나, 기존의 아이디를 통해 간단한 절차만으로 구글 플러스를 사용할 수 있습니다.

02 정보 입력하기

이름과 성별을 입력합니다.

03 친구 추가하기

[사용자 추가]에서 아는 사람들을 전체 또는 선택하여 추가할 수 있습니다.

04 관심 있는 인물과 페이지 팔로우하기

유명인, 사진가 등을 추가하여 공유 중인 정보를 확인 후 [팔로우]를 클릭합니다.

05 프로필 만들기

사진과 프로필을 입력한 후 [마침]을 클릭하면 작업이 완료됩니다.

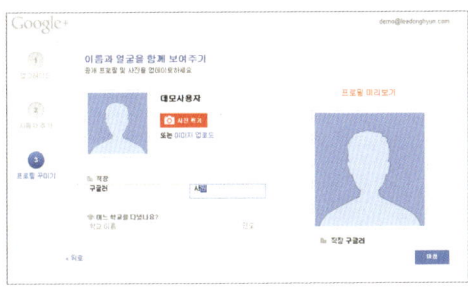

Google
98

구글 플러스 메뉴 이해하기

구글 플러스는 스트림이라는 공간을 통해 소통하는데 소통하기 전에 소통하고자 하는 이의 정보를 확인할 수 있도록 프로필 공간도 함께 제공하고 있습니다. 프로필에는 구글 플러스 친구의 학력, 취미, 직장, 연락처 등이 공개되어 있습니다.

01 소통의 공간 '스트림'

스트림은 페이스북의 뉴스피드, 트위터의 타임라인과 같은 역할을 하고 있으며 구글 플러스 친구들과 소통할 수 있는 공간입니다. 구글 플러스에서 홈을 클릭하면 언제든지 최신 스트림을 확인할 수 있습니다.

02 나를 소개하는 공간 '프로필'

프로필을 공개로 설정하면 이름, 직업, 경력, 학력, 연락처, 관심사, 홈페이지, 이메일 등을 구글 플러스의 친구들에게 알릴 수 있으며 반대로 비공개로 할 경우에는 정보 공개가 제한됩니다.

03 화상 대화와 문서 협업이 가능한 '행아웃'

구글 행아웃은 구글 플러스 친구들과 채팅을 할 수 있도록 지원합니다. 서클 이용자들을 초대하여 최대 9명까지 동시에 채팅을 할 수 있으며 유튜브 동영상이나 문서 등을 함께 보면서 작업할 수 있습니다.

04 스마트 디바이스의 사진을 클라우드로 저장하는 '사진'

구글 플러스의 '사진'은 스마트 디바이스나 컴퓨터에 저장된 사진들을 클라우드로 연동해주는 역할을 합니다. 클라우드 공간으로 공유된 사진들은 언제든지 스마트 디바이스와 컴퓨터에서 확인할 수 있습니다.

05 업무와 사생활을 관리하는 '서클'

서클은 구글 친구들을 구분해 주는 역할을 해 주고 있으며 기본적으로 가족, 친구, 팔로잉, 아는 사람으로 구성되며 직접 서클을 만들거나 삭제가 가능합니다. 서클을 설정하면

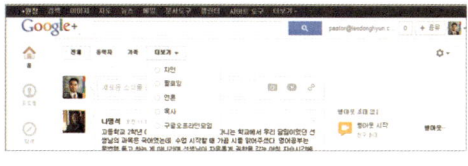

서클별로 소식을 받아 볼 수 있으며 서클별로 글이나 사진을 공유할 수 있습니다.

Google
99

나만의 구글 플러스 전용 프로필 사진 만들기

소셜 네트워크 서비스에서 프로필은 다른 사람들이 사용자에 대해 알 수 있는 창구 역할을 하고 있으며 나아가 기업에서는 기업 이미지를 대표하는 역할을 하고 있습니다. 이런 구글 플러스 전용 프로필 사진을 쉽게 제작하기 위한 도구로 'Turhan'을 소개합니다(http://turhan.me/+me/).

01 Turhan 접속하기

'http://turhan.me/+me/'로 접속한 후 [찾아보기]를 클릭합니다.

02 사진 선택하기

자신의 프로필로 만들고 싶은 사진을 선택하고 크기를 조정합니다.

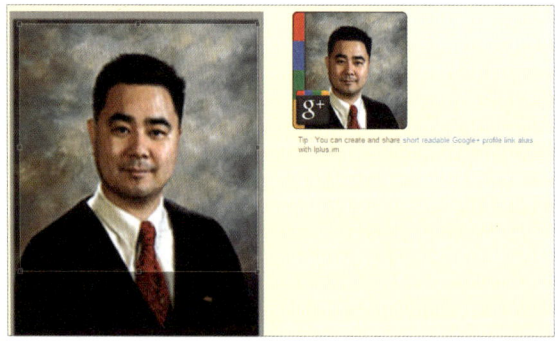

03 스타일 선택하기

이미지에 적용할 스타일을 선택하고 [Preview and Download]를 클릭합니다.

04 저장하기

새창이 열리면 마우스 오른쪽 버튼을 클릭해 다른 이름으로 저장합니다.

05 확인하기

제작한 프로필 사진을 구글 플러스 프로필 페이지에 올려 확인합니다.

Google
100

지메일에 구글 플러스 서클 가져오기

구글 플러스의 서클을 지메일로 가져와 메일에서 서클 멤버들과 주고받은 메일을 확인할 수 있습니다. 이렇게 되면 지메일의 주소록과 구글 플러스의 서클이 실시간으로 연동되어 개인 정보, 사진 등이 동시에 업데이트됩니다. 다시 말해 지메일로 사진을 공유하면 구글 플러스에도 등록되도록 하는 것입니다. 이런 기능은 특히 지인들의 연락처를 변경할 때 스스로 업데이트되기 때문에 매우 편리합니다.

01 서클에 친구 추가하기

구글 플러스를 사용하는 메일 발송자를 자신의 서클에 추가할 수 있습니다.

02 라벨과 서클 통합하기

지메일의 라벨과 구글 플러스의 서클을 통합 관리할 수 있습니다.

03 주소록 확인하기

구글 플러스에서 프로필을 업데이트하면 주소록에 자동으로 업데이트가 이루어집니다.

04 사진 연동하기

수신 받은 메일의 첨부 파일 이미지를 구글 플러스에 올릴 수 있습니다. 수신 메일 내에 있는 [공유]를 클릭합니다. 팝업창이 나타나며 사용자 추가를 통해 다른 사람들과 사진을 함께 공유할 수 있습니다.

 만약 지메일을 업그레이드하지 않았다면 'Gmail gets better with Google+ Upgrade'를 통해 업그레이드해야 합니다.

Google
101
구글 플러스 행아웃으로 온라인 회의하기

구글 플러스의 행아웃 기능은 그룹 영상통화 기능입니다. 구글 플러스 행아웃에서는 9명의 친구들과 문자채팅, 영상통화를 할 수 있으며 유튜브 동영상과 구글 문서도구의 문서들을 같이 보면서 작업할 수 있도록 협업 기능을 함께 제공하고 있습니다. 행아웃을 진행하기 위해서는 가장 먼저 대화방을 개설해야 합니다.

01 대화방 만들기
회의를 위한 대화방을 개설합니다.

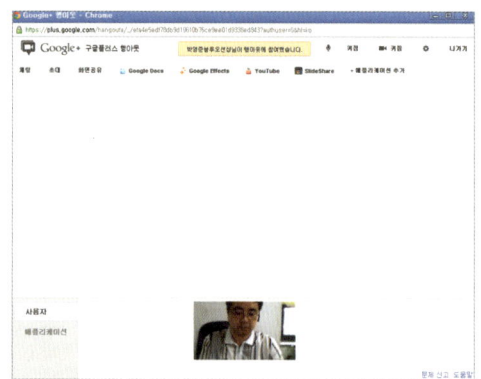

02 사람들 초대하기
대화방에 다른 사람들을 초대합니다.

03 자료 공유하기

회의 중 필요한 자료를 공유할 수 있습니다.

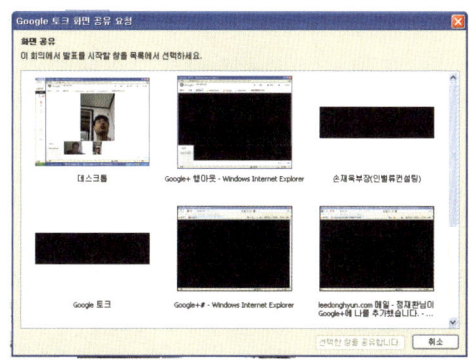

04 문서 공유하기

회의에 필요한 문서를 공유합니다.

> **NOTE**
> ### 그룹 영상통화하기
>
> 그룹 영상통화 기능은 영상회의나 소그룹 온라인 강의에 유익합니다.

05 실시간 방송하기

구글 행아웃 온에어를 통해 방송 중인 내용을 실시간으로 송출할 수 있으며 방송한 내용은 유튜브에 자동 저장되고 생방송 후에도 계속 이용할 수 있습니다. 최근에 구글 행아웃은 그룹 영상통화에 전화걸기 기능까지 추가하였으며 구글 플러스 사용자가 아닌 사람들도 참여할 수 있도록 개선되었습니다.

Google
102

행아웃과 구글 문서도구를 활용한 화상회의

구글 플러스 행아웃에서 구글 드라이브를 사용할 수 있게 되어, 사내에서 화상채팅을 하면서 구글 드라이브에 있는 문서들을 공유해 실시간으로 업무를 처리할 수 있게 되었습니다. 과거 구글 드라이브에 있는 문서들을 구글 문서도구를 통해 편집과 공유를 했다면, 구글 행아웃으로 인해 언제든지 얼굴을 마주보면서 문서를 수정 편집할 수 있습니다.

01 행아웃 시작하기

구글 플러스를 실행하고 오른쪽의 '행아웃 시작'을 클릭합니다.

02 사용자 추가하기

구글 행아웃 팝업창이 나타나면 초청할 사람의 이메일 주소나 서클을 선택하고 행아웃 제목을 입력한 뒤 [행아웃에 들어가기]를 클릭합니다.

 행아웃에 참여가 가능한 사람들은 오른쪽에 녹색 동그라미가 나타납니다. 이를 클릭하면 사용자에 추가됩니다.

Part 6 기업 업무에 바로 적용하는 구글 서비스

03 참석자와 대화하기

[행아웃에 들어가기]를 클릭하면 행아웃이 시작됩니다. 행아웃이 시작되면 방금 초청한 사람에게 초대장이 보내지고 초청받은 사람이 수락하면 행아웃을 통해 화상회의를 진행할 수 있습니다. 9명까지 참여 가능합니다.

04 문서 공유하기

구글 행아웃에서는 구글 드라이브 내에 있는 문서나 유튜브에 업로드되어 있는 동영상 등을 사람들과 함께 공유할 수 있습니다. 또한 화면 공유 기능을 통해 프리젠테이션을 진행 할 수 있습니다.

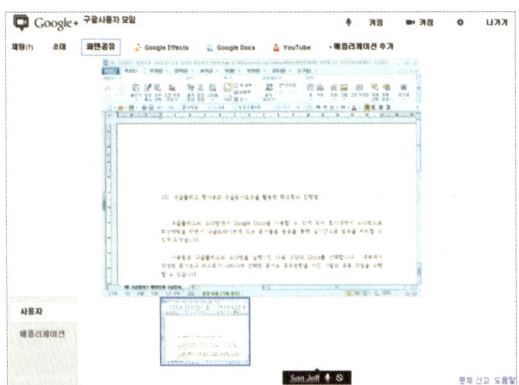

Google
103
기업 사이트에 구글 플러스 위젯 넣기

자신의 구글 플러스 계정을 서클에 추가할 수 있도록 프로필로 바로 가는 링크를 제공하고 있으며, 자신을 서클에 추가한 사용자가 얼마나 되는지 카운터도 함께 제공하고 있습니다. 그리고 선택에 따라 구글 플러스 위젯에 구글 플러스에 올린 최신 글 내용을 출력할 수 있으며 간단한 통계도 위젯으로 제공하고 있습니다. 구글 플러스 버튼은 개인용과 페이지용으로 구분하여 만들 수 있습니다. 개인용이 구글 개인 사용자들을 위한 것이라면 페이지용은 기업이나 단체용 페이지에 해당합니다.

01 개인 사용자용 버튼 만들기

개인 사용자용 버튼을 만들기 위해 웹 사이트에 방문합니다. 방문한 사이트에서 [Enter a Google+ profile ID:] 란에 자신의 구글 플러스 아이디를 입력하고 [Get profile ID]를 클릭하면 하단에 있는 [Get the code]에 코드 값이 나타납니다. 이 코드 값을 복사해서 홈페이지나 블로그에 붙여넣기하면 됩니다.

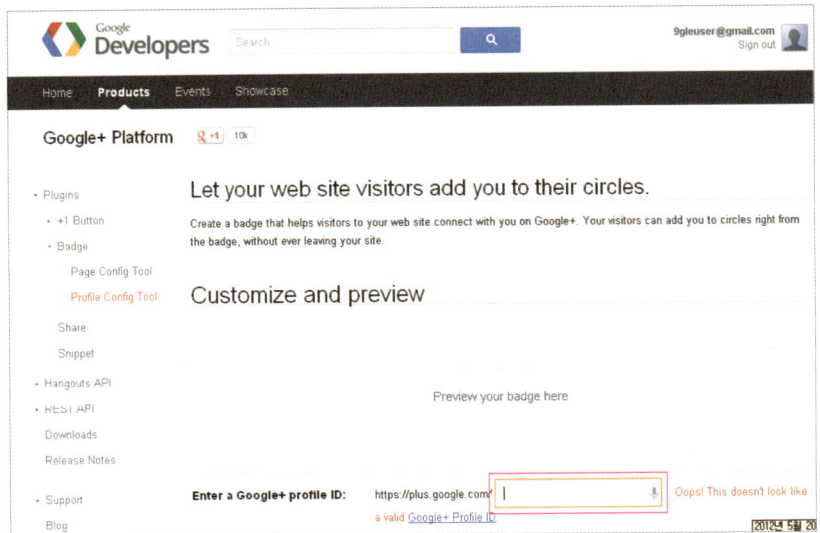

02 단체 사용자용(Google+ Page용) 버튼 만들기

제작 방법은 개인 사용자용 버튼 만들기와 동일합니다. 다만 용도와 버튼 제작 사이트만 다릅니다. 동일한 방식으로 코스 값을 얻어 홈페이지나 블로그에 붙여넣기합니다.

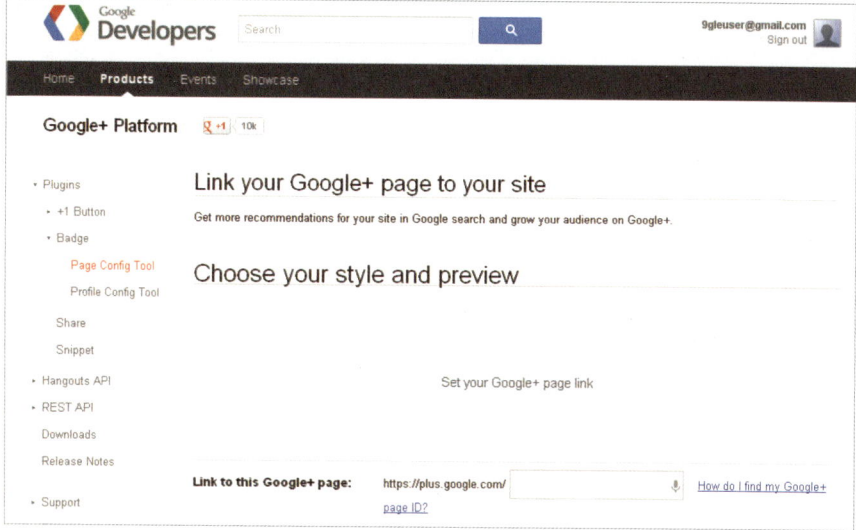

03 주소 복사하기

구글 플러스로 이동하여 로그인 후 자신의 구글 플러스 ID를 복사합니다. 구글 플러스 아이디는 구글 플러스 접속 후 주소창에 나타납니다. 구글 플러스 ID는 숫자로 된 부분입니다. 숫자만 복사해 둡니다.

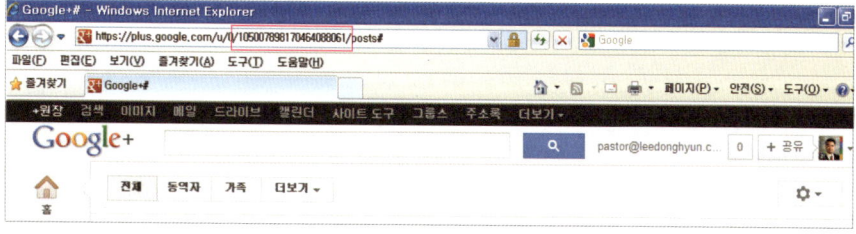

04 코드 값 만들기

구글 플러스 아이디를 넣으면 소스가 생성됩니다. 가로 크기와 색상, 언어, 구글 플러스 가젯 칼라 테마 등을 설정하면 아래에 코드 값이 자동으로 만들어집니다.

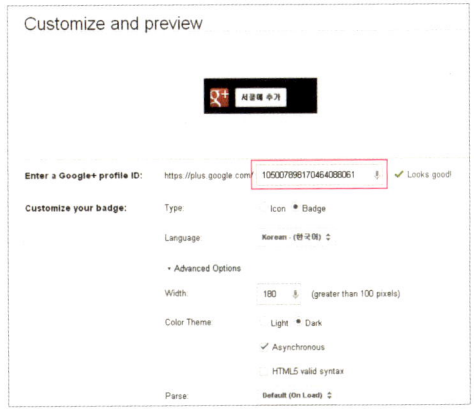

05 코드 값 복사하기

[Get Code]로 코드 값을 생성한 결과입니다. ⟨!- Place this tag in the ⟨head⟩ of your document -⟩로 시작되는 코드 값 전체를 복사해 둡니다. 코드 값 복사 시 박스 안에 있는 것만 복사해야 합니다.

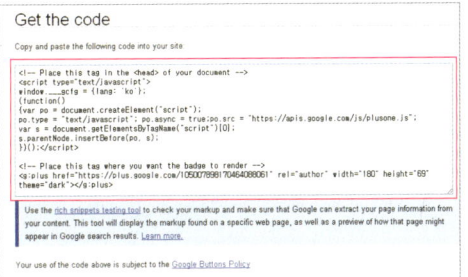

06
자신의 홈페이지나 블로그 게시물이나 페이지에 붙여넣기하면 구글 플러스 위젯이 설치 완료됩니다. (단 자신의 홈페이지나 블로그에서 스크립트가 지원되지 않으면 사용할 수 없으며, 자세한 내용은 홈페이지 제작 업체나 호스팅 업체에 문의하면 알 수 있습니다.)

Google
104
자신의 닉네임 단축 주소 만들기

구글 플러스에서는 서클(Circles)이라는 그룹 기능, 스파크(Spark)라는 알리미 & 쉐어 기능, 수다방(Hangouts)이라는 그룹 화상 채팅 기능, 모바일(mobile)이라는 스마트폰 사진 업로드 기능 등을 사용하는 소셜 네트워크 서비스를 함께 지원하고 있습니다. 구글 플러스에서 구글 플러스 계정을 생성할 때에는 긴 계정 주소를 이용하게 되는데 친구들이나 지인들에게 알려 주기가 불편합니다. 이럴 때 긴 주소를 짧게 단축 주소로 만들 수 있는데 이렇게 짧게 만든 주소는 블로그나 웹페이지, 페이스북과 트위터 등에 자신의 구글 플러스 계정을 소개할 때 유용하게 활용합니다.

01 단축 주소 사이트 접속하기

'http://gplus.to/' 사이트로 이동해 사용할 닉네임과 구글 아이디를 넣고 [add] 버튼을 누르면 구글 플러스 주소가 생성됩니다. 이동현 원장 구글 플러스 주소는 아래와 같습니다.

https://plus.google.com/u/0/stream#105007898170464088061/posts

02 주소 입력하기

해당 주소에서 구글 아이디와 구글 플러스 주소를 넣습니다. 구글 플러스 아이디는 구글 플러스 주소에 있는 고유 숫자들입니다.

03 단축 주소로 이동하기

세팅 완료된 단축 주소를 주소창에 넣으면 구글 플러스 주소로 자동으로 이동합니다.

Part 6 기업 업무에 바로 적용하는 구글 서비스

Google
105
구글 플러스 비즈니스용 페이지 만들기

페이스북에 기업용 페이지를 만들 수 있듯 구글에서도 구글 플러스 비즈니스용 페이지를 제공하고 있습니다. 구글 플러스의 페이지 기능은 페이스북의 페이지와 유사하며 기업에서 기업 브랜드 홍보를 할 때 도움을 줄 수 있습니다. 구글 플러스 페이지는 누구나 간단한 과정만 거치면 생성할 수 있으며, 페이지가 생성되면 자신의 구글 플러스 프로필에 페이지로 접속할 수 있는 링크가 생기게 됩니다. 특히 전용 배지도 제공하고 있습니다.

01 구글 플러스 페이지 만들기

왼쪽 메뉴에서 [더보기]를 클릭하고 [페이지]를 선택합니다.

02 새 페이지 만들기

오른쪽 상단에 있는 [새 페이지 만들기] 버튼을 클릭합니다.

03 정보 입력하기

구글 플러스 페이지에 필요한 카테고리 정보들을 입력합니다.

04 페이지 확인하기

구글 플러스 페이지가 완성되었습니다.

Google 106

긴 주소를 짧은 주소로 만들기

URL 주소를 짧게 줄여주는 서비스는 홈페이지, 블로그, 콘텐츠 등의 URL 주소를 단축시켜 주며 나아가 구글 로그인 후에는 제작된 링크를 통해 각종 정보 등을 분석해 주는 역할을 합니다. 소셜 네트워크에는 입력할 수 있는 글자의 수가 제한되어 있기 때문에(140자) 이미지, 동영상, 링크 등을 짧게 줄여주는 서비스가 매우 유용합니다.

01 주소 복사하기

주소를 줄이고자 하는 홈페이지(블로그) 주소를 복사합니다.

02 주소 붙여넣기

Google Shortener 홈페이지로 이동한 후(http://goo.gl), Google Shortener 주소창에 주소를 붙여 넣고 [Shorten URL]을 클릭하면 짧은 주소로 변경됩니다.

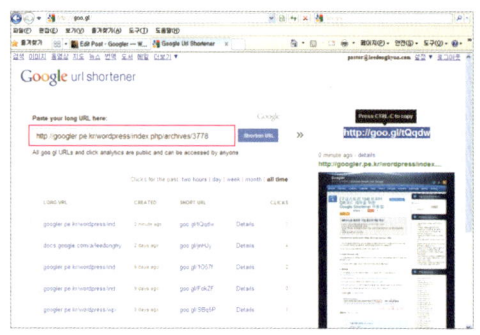

03 주소 사용하기

트위터, 페이스북 등에 붙여넣기 하여 사용합니다. 짧은 주소로 변경한 주소를 통해 접속하였다면 접속 경로, 접속 단말기 등을 확인할 수 있습니다.

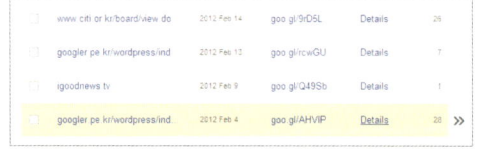

Google
107

콘텐츠를 QR 코드로 만들기

구글에서 콘텐츠나 게시판의 주소, 동영상 경로 등을 짧은 주소로 변경한 후 QR 코드로 변경할 수 있습니다. 짧은 주소 뒤에 'qr'만 붙여주면 QR 코드 페이지로 이동할 수 있습니다. 이런 QR 코드를 원하는 곳에 삽입해 사용하면 스마트 디바이스를 이용해 해당 페이지에 접속할 수 있습니다.

01 주소 줄이기
긴 주소를 짧은 주소로 만듭니다.

02 QR 코드 만들기
짧게 만든 주소에 ".qr" 이라는 확장자만 붙이면 간단히 QR 코드 이미지 페이지로 이동하여 확인할 수 있습니다.

 구글 플러스 페이지, 구글 블로그, 구글 사이트 도구 등을 제작한 후 구글 QR 코드를 생성하여 책이나 현수막 등에 넣어 함께 넣어 사용할 수 있습니다.

Column
구글 앱스의 효율성

구글 앱스의 공유 기능으로 보안과 공동작업의 효율성을 높이는 방법

구글에서는 지메일을 통한 개인용 서비스와 구글 앱스를 통한 업무용 서비스를 제공하고 있습니다. 구글 앱스에서는 메일, 캘린더, 채팅, 문서도구 등에 접속하는 것을 제한하거나 공유하는 관리자가 공유설정을 할 수 있습니다. 특히 구글 앱스에서는 보안을 강화하기 위해서 사용자의 메일을 사용자의 컴퓨터용 메일 소프트웨어(아웃룩 등)를 통해 열람할 수 없게 하고 도메인 외부의 사용자와는 문서를 공유하지 못하게도 할 수 있어 정보 누설을 방지하는 기능을 가지고 있습니다.

1 │ 기업내부의 문서가 외부로 유출되더라도 외부인들이 열람할 수 없도록 할 수 있습니다.

기업 내부의 문서를 외부로 유출할 경우에 발생하는 문제는 심각합니다. 이런 경우를 대비해 구글 앱스를 통해 도메인 내부(기업 내부)에서만 열람하게 하거나 특정인만 열람하게 할 수 있습니다. 문서도구 공유시 도메인 및 특정인을 지정하면 바로 사용할 수 있습니다.

2 │ 메일 소프트웨어에서 열람하지 못하게 할 수 있습니다.

아웃룩을 통해 메일 내용이 외부로 유출되는 경우가 발생할 수 있으므로 이를 방지하기 위해서는 메일의 설정에서 IMAP 사용 안함을 체크합니다.

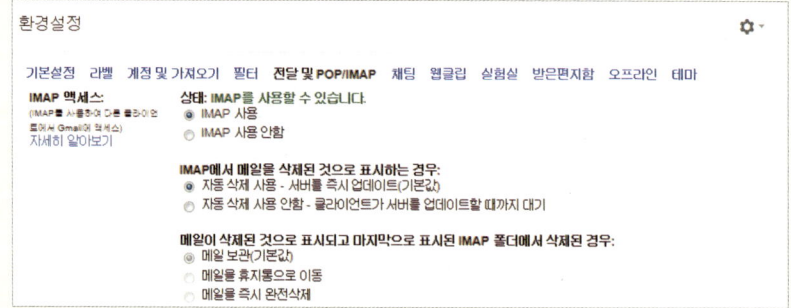

3 | 구글 채팅을 통해 공동 작업의 효율성을 높입니다.

구글 앱스에서 제공하는 텍스트 채팅, 음성 채팅, 화상 채팅을 통해 문서작성 시 의문점 등을 바로 해결할 수 있습니다. 지메일의 경우와는 달리 내부인(아이디@도메인명)들과 대화할 수 있습니다. 구글 앱스 관리자는 대시보드 페이지의 서비스 설정에서 외부 사용자와의 채팅 설정을 할 수 있어 보안에 민감한 경우에는 도움이 됩니다.

4 | 서류 공유로 작업 효율을 높입니다.

일반적으로 문서를 작성하여 메일로 서류를 첨부하고 담당자에게 메일로 보내면, 담당자들은 서류내용을 검토한 후에 메일을 처리합니다. 그러나 수정의 단계가 많아지면 이야기는 달라집니다. 예를들면 메일을 보낸 사람이 10명이고 수정한 횟수가 5번이라면 서류가 복사되고 수정되는 과정에서 메일 처리 담당자는 실수를 할 수 있으며 시간 또한 많이 걸립니다. 그러나 문서도구를 사용하면 하나의 서류를 공동으로 첨삭, 수정할 수 있어 실수도 적을 뿐더러 보안에 대해 안심할 수 있습니다.

Google

PART 7

구글 앱스를 통한
기업 홈페이지 구축

구글 사이트 도구를 이용하면 기업 홈페이지 및 사내 인트라넷망을 구축할 수 있고 구글 앱스를 통해 사용할 수 있습니다. 구글 사이트 도구로 제작한 홈페이지는 구글에서 제공하는 지메일, 캘린더, 할 일, 구글 리더, 구글 문서도구 등을 함께 사용하여 업무 처리를 효과적으로 진행할 수 있도록 지원하고 있으며 특히 구글 스크립트 도구를 통해 업무 처리 프로세스를 단축시킬 수 있어 매우 유용합니다.

Google
108
구글 앱스 서비스 신청하기

구글 앱스는 메일, 캘린더, 구글 맵, 구글 사이트 도구, 구글 토크, 구글 드라이브와 같은 서비스들을 유기적으로 결합한 서비스입니다. 구글에서 제공하는 서비스들은 상호 호환성을 가지고 있어 한 앱에서 서비스한 데이터를 다른 앱에 연결하거나 삽입하여 재사용할 수 있기 때문에 작업 시간을 줄이는 데에 효과적입니다. 또한 구글 앱스(구글 애플리케이션)에서는 지메일, 캘린더, 구글 토크, 구글 비디오, 구글 드라이브, 구글 사이트 도구, 구글 플러스 등을 연결하여 기업이 보유한 도메인과 연결해 주는 서비스를 무료로 제공하고 있습니다.

01 구글 앱스 시작하기(http://goo.gl/V7c1e)

'http://www.google.com/apps/intl/ko/group/index.html'으로 접속 후 [Get started]를 클릭합니다.

02 구글 도메인 등록하기

구글 앱스에서 사용할 도메인 이름 입력하고 [제출]을 클릭합니다.

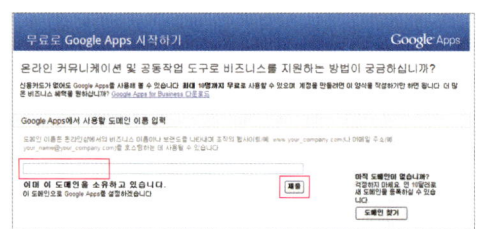

03 기초 정보 입력하기

[새 Google Apps 로그인 만들기]에 상세 정보를 입력하고 약관을 확인한 후 [동의 및 계정 생성]을 클릭합니다.

04 구글 앱스 설정하기

구글 앱스 설정 대화상자에서 [Express]로 이동을 선택하여 구글 앱스를 설정합니다.

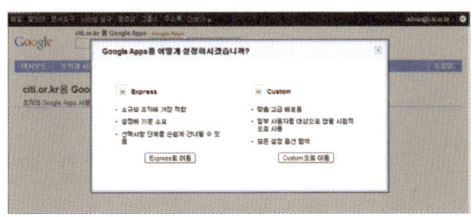

> **Tip** 구글 앱스 설정 시 Express와 Custom을 선택해야 합니다. Express는 간편하게 구글 앱스를 설치할 수 있고 Custom의 경우에는 세부적인 면까지 설정할 수 있습니다. 구글 앱스 초보자의 경우에는 Express를 통해 설정하는 것이 좋습니다.

05 설정 마법사 따라하기

구글 앱스 설정 마법사가 실행되며 안내에 따라 진행합니다.

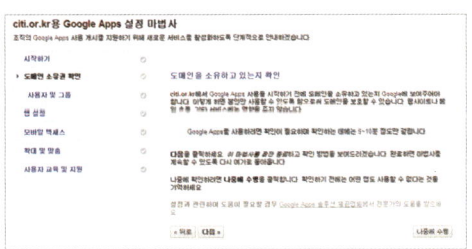

Part 7 구글 앱스를 통한 기업 홈페이지 구축

247

06 도메인 소유권 확인하기

도메인 소유권을 확인합니다. 권장 방법과 대체 방법 중 도메인 소유권을 확인할 수 있는 방법을 선택합니다.

Tip 서버 호스팅, 웹 호스팅의 경우에는 권장 방법을 사용하는 것이 편합니다. 만약 웹 호스팅하는 업체에서 FTP 계정을 열어주지 않는 경우에는 대체 방법을 이용해야 합니다. CName 값, 메타 태그, dns.txt, Html 파일 업로드 방식 중에서 선택 가능하며 다중 선택도 가능합니다.

07 사용하기

모든 단계를 완료하면 이메일이 활성화되어 구글 앱스를 사용할 수 있습니다.

NOTE 도메인 확인 소요 시간

도메인 소유권 확인 신청을 완료하였다면 확인 후 사용이 가능하며 약 48시간 정도 소요됩니다. 호스팅 및 도메인 업체에 확인 작업 완료를 요청해야 하며, 신청 도메인 메일 연동 서비스에는 호스팅 및 도메인 업체의 세팅이 필요한 경우도 있으므로 호스팅 업체와 도메인 업체에 자세히 문의한 후에 세팅해야 합니다. 세팅이 완료되면 'http://mail.google.com/a/도메인이름/'으로 접속하여 구글 앱스를 사용할 수 있습니다.

Google
109
도메인 구입하기

개인이나 기업 등에서 구글 앱스를 사용하고자 한다면 가장 먼저 도메인을 구입해야 합니다. 만약 기업이나 개인이 소유한 도메인이 있다면 바로 구글 앱스를 사용할 수 있습니다. 도메인은 후이즈, 가비아, 도레지 등을 통해 구입할 수 있으며 웹 호스팅이나 서버 호스팅을 받지 않아도 구글 앱스를 사용할 수 있습니다.

01 도메인 구입하기

보유한 도메인이 없다면 도메인 판매업체에 회원가입 후 도메인을 구입할 수 있습니다.

02 도메인 검색하기

구매하고자 하는 도메인을 검색합니다. 만약 구매하고자 하는 도메인이 없다면 도메인명을 확장해 가면서 확인해야 합니다.

03 도메인 구매하기

구입하고자 하는 도메인을 찾았다면 바로 구매합니다. 왼쪽에 체크한 후 하단에 있는 등록하기를 클릭합니다.

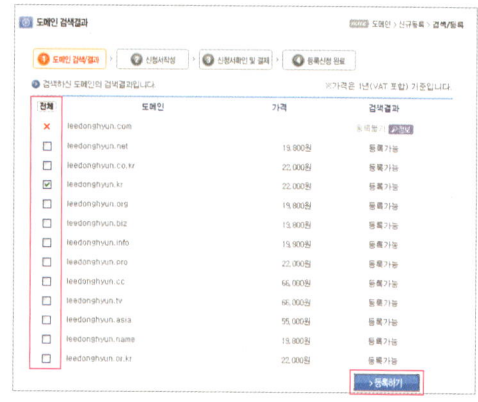

04 신청서 작성하기

도메인 선청서를 작성합니다. 소유자, 관리자, 도메인 네임서버 설정과 함께 도메인 대금 지불방식을 선택한 후 입금하면 바로 도메인을 구입할 수 있습니다.

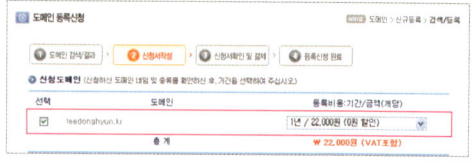

05 도메인 확인서

도메인 구입 후 반드시 도메인 확인서를 인쇄하여 보관해 둡니다.

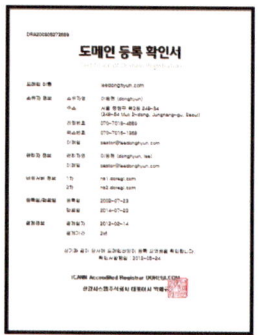

Google 110
구글 앱스 소유권 인증 방법

기업이 보유한 도메인이나 새로 구입한 도메인을 가지고 구글 앱스를 사용하고자 한다면 반드시 자신이 보유한 도메인지 아닌지를 확인하는 절차인 소유권 인증 단계를 거쳐야 합니다. 신규 도메인을 구글 앱스로 세팅하는 방법과 기존 도메인에서 구글 앱스로 변경하는 방법 중 쉬운 것은 신규 도메인을 사용하는 방법입니다. 신규의 경우 메일이나 각종 서비스를 사용하지 않은 상태이기 때문에 일정 기간 테스트 시간을 가질 수 있어 서비스를 안정적으로 공급할 수 있습니다. 반면, 기존에 사용 중이던 도메인을 통해 구글 앱스를 도입할 경우 구글에서 소유권을 인정받는 기간 동안 메일이나 일정 관리 등을 사용할 수 없는 경우가 발생할 수 있습니다. 구글은 도메인 소유자 인증 방법을 4가지로 제공하고 있으며 어떤 방식이든 관리자나 담당자가 다루기 쉬운 것을 사용하여 소유권 인증을 받으면 됩니다.

01 HTML 파일을 업로드하기(권장)

해당 파일을 다운로드받은 후 FTP를 통해 서버에 올려놓은 후 브라우저에 아래의 주소를 넣고 클릭하면 구글 앱스 소유권 인증이 됩니다. 주의해야 할 것은 인증 후에도 해당 파일은 삭제하면 안됩니다.

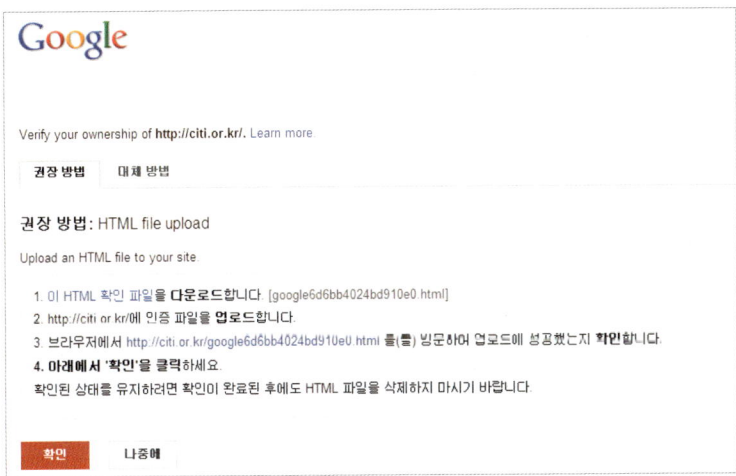

02 HTML tag 입력하기

메타 태그를 복사하여 인덱스 파일의 〈head〉 섹션에 붙여 넣습니다. 소유권 인증 후에도 메타 태그를 삭제하지 말아야 합니다. 서버 호스팅, 웹 호스팅의 경우에 사용 가능하며 FTP를 통해 인덱스 파일에 접근할 수 있어야 사용할 수 있습니다.

03 Domain Name Provider 입력하기

도메인 DNS 값을 변경하여 설정하는 방법입니다. 아래에 있는 TXT 값을 도메인을 관리하는 곳에 설정하여 사용하는 방법입니다.

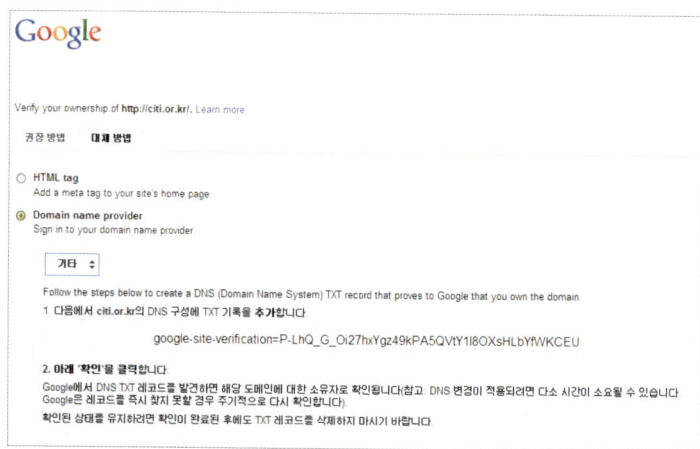

04 Google Analytics를 통해 인증하기

Google Analytics 계정을 가지고 있으며 Google Analytics과 홈페이지를 연결하여 인증받는 방법으로 추적 코드를 〈Head〉 사이에 넣습니다.

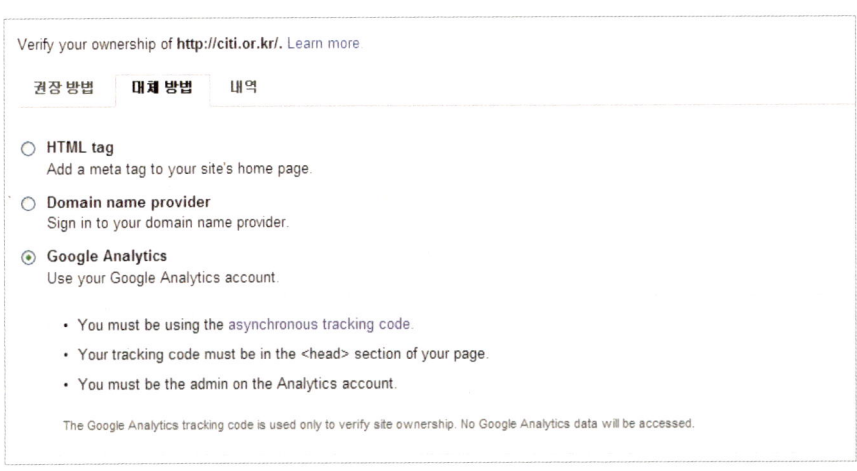

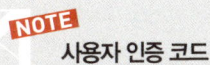

홈페이지는 호스팅 받고 있는 업체를 통해 구축 가능합니다. 메일 서비스만 구글 무료 웹 메일을 통해 사용하고자 한다면 자신의 도메인을 등록한 업체에 문의하거나 신청하면 사용할 수 있습니다. 아래는 도레지(도메인 전문업체)에서 구글 무료 웹 메일을 사용하기 위해 사용자 인증코드를 입력한 것입니다.

Google
111
구글 앱스에 기업 로고 등록하기

구글 앱스를 사용하게 되면 기업 도메인으로 메일 서비스를 할 수 있습니다. 메일에 로그인했을 때 화면에 기업 로고가 표시되면 각각의 개인에게 소속감을 심어주는 역할을 할 수 있겠지요. 이번에는 구글 앱스에 기업 로고를 등록하는 방법에 대해 알아봅니다. 기업 로고는 관리자만이 변경할 수 있습니다.

---

01 관리자 로그인하기

구글 앱스 관리자 아이디로 로그인합니다.

02 도메인 관리 선택하기

지메일 화면에서 환경설정 아이콘(✿ ▼)을 클릭하고 [도메인 관리]를 선택합니다.

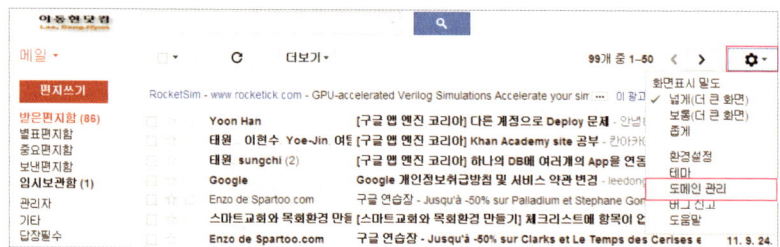

03 이미지 올리기

[도메인 설정] 화면에서 [디자인] 탭을 선택합니다. [찾아보기]를 클릭하고 로고를 찾아서 업로드하면 바로 도메인 로고가 변경됩니다.

 기업 로고의 이미지 크기

로고는 149*59 픽셀 크기의 이미지를 사용할 수 있으며, 파일 형식으로는 PNG 파일이나 GIF 파일을 사용해야 합니다. 원하는 이미지를 준비한 후 알씨, 포토샵 등의 이미지 보정 도구를 사용하여 사이즈를 변경하고 업로드하면 됩니다.

Google 112
구글 앱스 사용자 등록하기

구글 앱스 등록 후 직원들에게 회사 계정을 발급하면 직원들은 해당 계정으로 메일과 각종 업무를 처리할 수 있습니다. 구글 앱스에 사용자로 등록하면 그룹 내 문서 공유나 협업이 가능합니다. 또한 아이디@도메인명(mail@leedonghyun.com 형식)으로 계정이 발급되며, 사용자 등록은 관리자만 할 수 있습니다.

01 대시보드 선택하기

구글 앱스 관리 화면의 첫 페이지인 [대시보드] 화면으로 이동합니다.

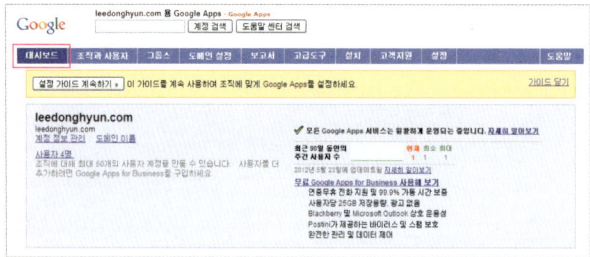

 관리자 화면 페이지에 접속하고자 한다면 'http://google.com/a/도메인/'으로 접속합니다. 예를 들면 이동현닷컴의 구글 앱스 관리자 화면 페이지는 'http://google.com/a/leedonghyun.com/'입니다.

02 사용자 설정하기

사용자의 이름과 기본 이메일 주소를 입력해 새 사용자를 설정합니다.

03 새 사용자 만들기

비밀번호를 설정하고 [새 사용자 만들기]를 클릭하면 새로운 사용자가 생성됩니다.

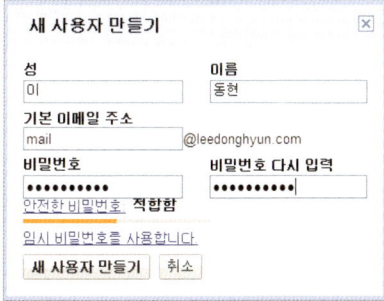

 초기 설정에서는 비밀번호를 임의로 부여하고 로그인시 개개인이 비밀번호를 변경하는 것이 작업하기가 편리합니다.

04 다수의 사용자 등록하기

다수의 사용자를 등록할 경우에는 CVS 파일을 통해 업로드 합니다. 스탠다드 에디션의 경우 관리자를 제외하고 9명만 사용 가능하기 때문에 수동으로 일일이 등록합니다.

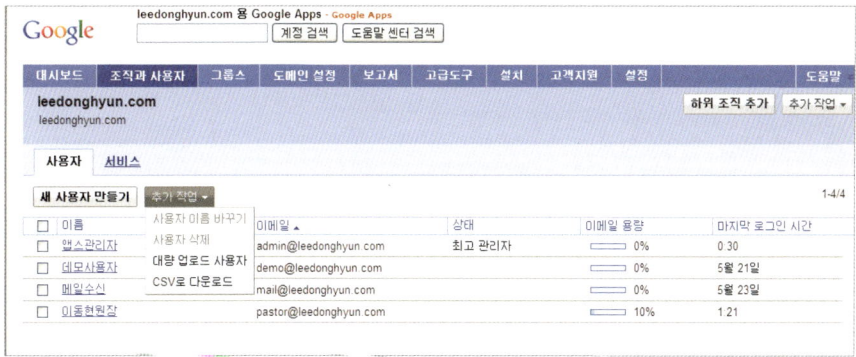

 구글 앱스는 개인용 지메일 계정과 사용 방법이 동일합니다. 차이가 있다면 공유 기능으로, 구글 앱스에서는 도메인에서만 문서를 공유할 수 있도록 구글 앱스 관리자가 제한할 수 있습니다.

Google
113
구글 앱스에서 구글 기능 설정하기

구글 앱스에서 이메일, 캘린더, 구글 드라이브, 사이트 도구를 통해 업무를 효과적으로 처리할 수 있습니다. 기본적으로 제공하는 주소로도 접속할 수 있지만 CNAME 값을 통해 짧은 주소로 구글 앱스의 서비스들을 사용할 수 있습니다. CNAME 값 변경은 도메인 업체마다 다를 수 있으므로 도메인을 관리하는 업체에 문의하여 설정해야 합니다.

01 맞춤 웹 주소 만들기

앱은 'http://app_name.google.com/a/도메인명'에서 액세스할 수 있습니다. app_name은 메일, 캘린더 등을 말합니다. 도메인명이 'citi.or.kr'이라면 'http://mail.citi.or.kr'입니다.

02 도메인명으로 접속하기

웹 브라우저에서 자신의 도메인 주소로 접속합니다.

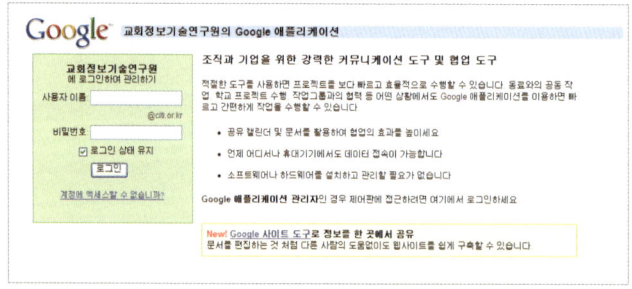

03 로그인하기

구글 앱스에 접속 후 로그인을 하기 위해 아이디와 패스워드를 넣습니다. 로그인 후 아래와 같은 초기 화면이 나타납니다.

04 스마트 디바이스에 이메일 설정하기

관리자 초기 화면에서 메뉴 상단에 있는 설정을 클릭한 후 왼쪽에서 [모바일 엑세스]를 선택합니다. 모바일 엑세스 화면의 지시대로 자신의 단말기에 맞게 설정합니다.

05 이메일주소 설정하기

구글 앱스 관리자 메뉴 상단에 있는 설정을 선택하면 왼쪽 메뉴의 이메일을 선택하여 구글 앱스의 이메일 주소와 설정을 변경할 수 있습니다. 이메일 설정을 위해 [URL 변경하기]를 선택합니다.

06 URL 변경하기

현재 'http://mail.google.com/a/citi.or.kr'를 'http://mail.citi.or.kr'로 변경하기 위해 도메인 앞에 "mail"이라는 2차 도메인 값을 넣고 [계속]을 클릭합니다.

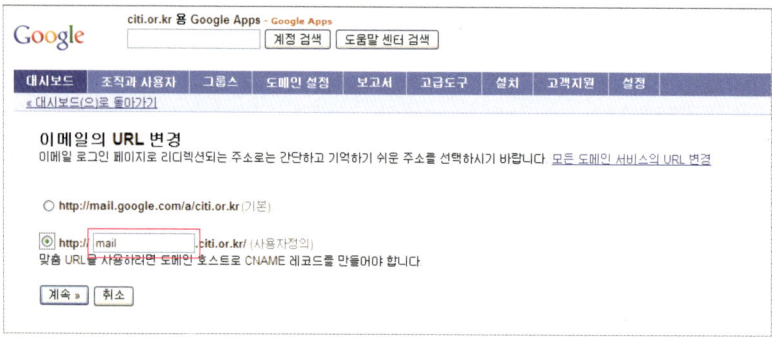

07 CNAME 레코드 변경하기

CNAME 변경 화면에서 별칭과 목적지를 메모해 둡니다. 이 값을 자신의 도메인 관리 업체를 통해 추가해 주어야 합니다.

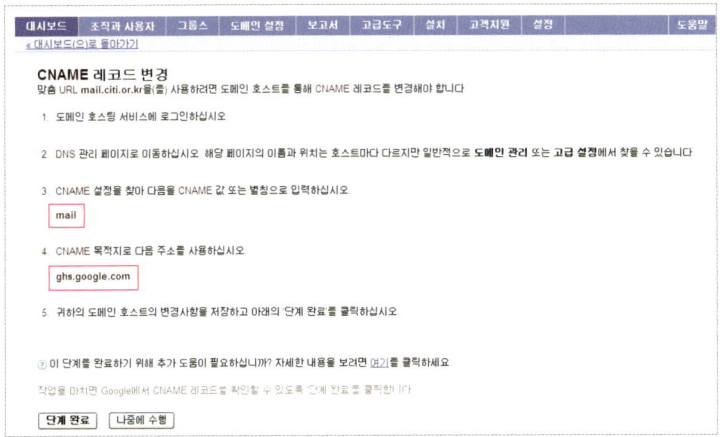

08 도메인 업체에 별칭 도메인 값 설정하기(CNAME)

자신의 도메인을 관리하는 업체에 로그인한 후 별칭 도메인(CNAME) 값에 메모한 값을 입력하고 적용을 클릭합니다.

09 나머지 세팅하기

[레코드추가]를 클릭하고 메일, 캘린더, 구글 드라이브와 같은 서비스와 연결할 별칭 도메인을 설정합니다. 이렇게 설정하면 구글에서 제공하는 메일, 캘린더, 구글 드라이브, 구글 사이트 도구 등을 짧은 주소로 변경할 수 있습니다. 먼저 구글 앱스 관리자에서 변경한 후 도메인 등록업체를 통해 아래와 같이 변경하면 되는데 목적지 호스트명은 동일하며 별칭 도메인 호스트명만 변경하면 됩니다.

10 구글 앱스 재로그인하기

구글 앱스 화면으로 돌아와 로그아웃한 후 다시 로그인합니다. 관리자로 로그인하면 이메일 MX 레코드를 업데이트 중이라는 메시지가 나옵니다. 구글 앱스 이메일 세팅은 일정시간이 지나야 별칭 도메인들을 사용할 수 있으며 설정이 완료되어야 'http://mail.도메인명'으로 접속하여 메일을 확인할 수 있습니다.

테스트 해보기

세팅이 완료된 이동현닷컴(http://mail.leedonghyun.com)으로 접속하여 메일을 확인해 보겠습니다. 이동현닷컴의 구글 앱스 메일로 접속한 후 아이디는 demo, 패스워드는 demo1234를 입력합니다.

Google 114
구글 앱스 관리자 페이지 설정하기

구글 앱스의 기본적인 설정이 완료되면 사이트 관리를 위해 관리자 페이지의 주요 부분을 설정해야 합니다. 구글 앱스 초보자들이 잊지 말고 해야 할 일을 점검해 보도록 하겠습니다.

01 구글 앱스 관리자 페이지로 이동하기

'http://google.com/a/cpanel/도메인명(http://google.com/a/cpanel/leedonghyun.com)'으로 접속합니다.

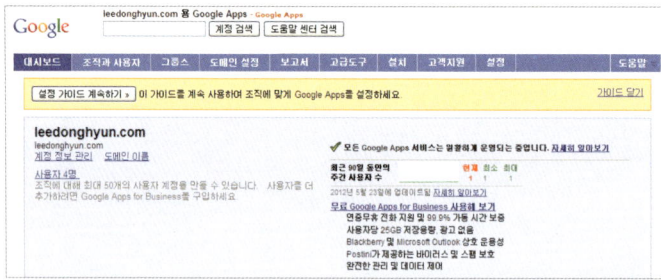

02 대시보드의 서비스 설정을 확인하기

대시보드의 서비스 설정을 확인합니다. 메일, 캘린더, 드라이버의 주소가 변경된 것을 확인 할 수 있습니다. 변경된 주소로 접속하여 해당 서비스를 사용할 수 있습니다.

03 조직과 사용자 확인하기

구글 앱스를 사용하는 사용자들을 확인할 수 있으며 사용자들을 추가할 수도 있습니다.

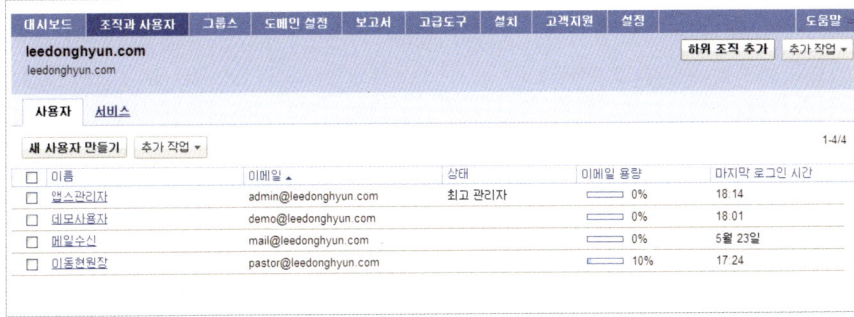

04 도메인 설정 확인하기

도메인 설정에서 기본 관리자 계정과 보조 이메일 주소를 확인해야 합니다. 특히 보조 이메일 주소는 관리자 비밀번호를 잃어버린 경우에 필요합니다.

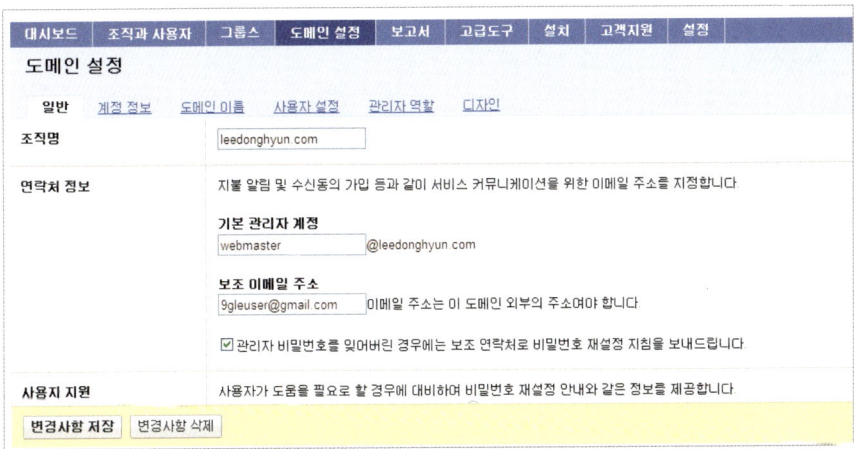

05 웹 주소 매핑하기

구글 사이트 도구로 제작한 홈페이지와 웹 주소 매핑을 통해 짧은 주소로 연결할 수 있습니다. 구글 사이트 도구로 만든 데모 페이지인 'http://demo.leedonghyun.com'입니다. 웹 주소 맵핑 전에는 'https://sites.google.com/a/leedonghyun.com/demo'였지만 매핑을 통해 짧은 주소로 변경되었습니다.

매핑 전 : https://sites.google.com/a/도메인명/매핑 이름(별칭 이름)
매핑 후 : http://매핑 이름(별칭 이름).도메인명

 구글 앱스에서 기본적으로 제공하는 매핑은 메일, 캘린더, 구글 드라이브 등이며 추가적으로 사용되는 매핑의 경우는 구글 사이트 도구로 제작된 기업 홈페이지, 사내 인트라넷망과 연결되는 경우가 많습니다.

Google
115
구글 앱스와 화이트 도메인 등록하기

구글 앱스를 사용하기 위해 가장 먼저 해야 할 일은 자신이 소유한 도메인을 세팅하는 일입니다. 구글 앱스로 세팅한 후 메일은 보내지는데 받을 수 없다면 구글 앱스 등록 시 잘못 등록하였거나, 화이트 도메인으로 등록하지 않았기 때문입니다. 이런 경우 화이트 도메인 신청을 해야 합니다.

01 스팸 차단 관리 홈페이지 접속하기

Kisa RBL 실시간 스팸 차단 관리 홈페이지로 접속합니다.

> **NOTE 화이트 도메인이란?**
>
> 화이트 도메인이란 정상적으로 발송하는 대량 이메일이 RBL 이력으로 간주되어 차단되는 것을 방지하기 위한 제도로 kisarbl 등에 자신의 이메일 주소를 사전에 등록해 국내 주요 포털 사이트로의 이메일 전송을 보장해주는 제도입니다. 포털 사이트에 이메일이 전송되지 않는다면 화이트 도메인 등록을 통해 가능합니다.
>
> http://www.kisarbl.or.kr (국내)   http://www.spamhaus.org (해외)

02 SPF 작성 도우미를 통해 화이트 도메인 등록하기

화이트 도메인 등록하에서 SPF 작성 도우미를 클릭합니다. 화이트 도메인 주소를 입력한 후 구성 확인을 클릭합니다. 메일을 발송할 아이피를 등록하고 SPF 작성을 클릭하면 SPF 레코드가 생성됩니다.

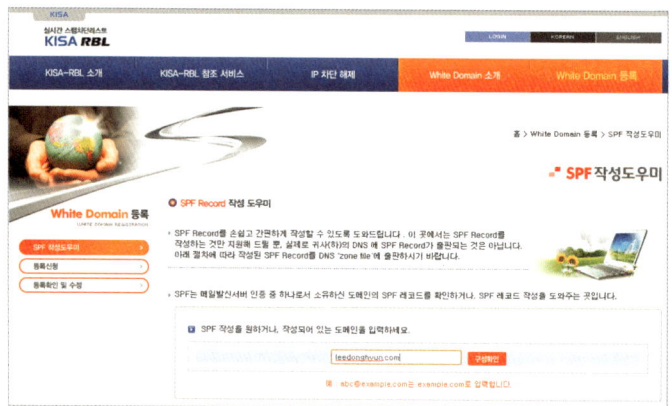

03 화이트 도메인 등록 신청하기

화이트 도메인 등록 메뉴를 선택한 후 등록 신청하기를 클릭합니다. 화이트 도메인을 위해 신청 도메인을 입력하고 다음을 클릭합니다. 지시 도우미에 따라 순서대로 작성하면 등록 신청이 완료됩니니다. 자세한 내용은 KISARBL 홈페이지에서 확인할 수 있습니다 (http://www.kisarbl.or.kr).

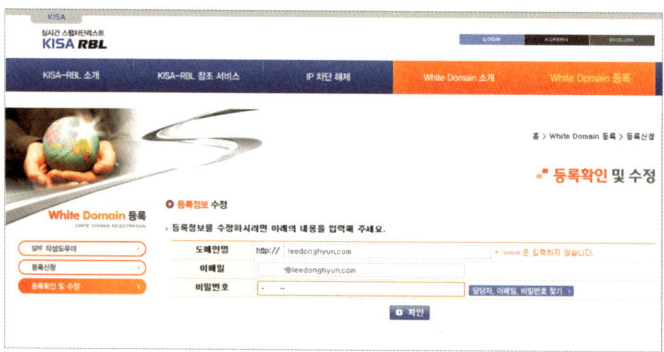

04 화이트 도메인 등록결과 확인하기

KISARBL 화이트 도메인 등록을 클릭한 후 왼쪽 하단에 있는 화이트 도메인 등록 결과를 선택합니다. 도메인명, 이메일, 비밀번호를 넣고 확인을 클릭합니다.

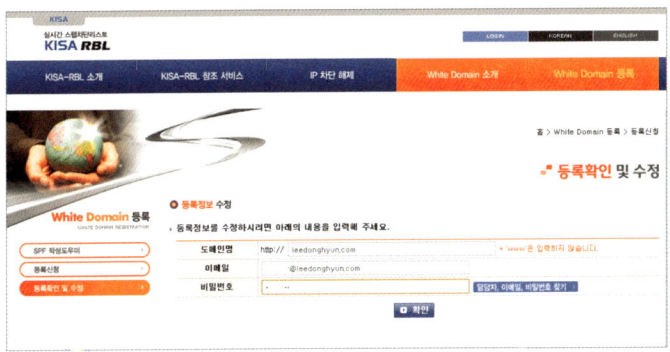

신뢰도의 중요성

화이트 도메인 관리에 있어서 도메인 신뢰도가 "0"이상이 되면 자동으로 화이트 도메인에 재등록이 되지만, 메일 발송 서버 관리 소홀로 인한 문제 발생 시 즉각 화이트 도메인에서 제외되어 보호를 받을 수 없습니다. 화이트 도메인 점수가 하락한 경우, 하락한 원인을 홈페이지 로그인을 통해서 면밀히 파악하는 것이 중요합니다. 아래는 이동현닷컴의 화이트 도메인 결과 값입니다.

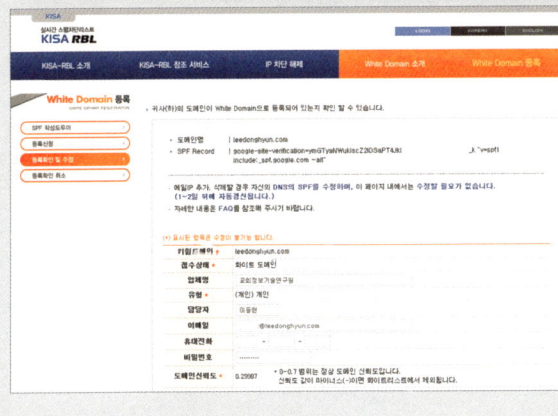

05 신뢰도 확인하기

홈에서 [White Domain 등록]을 클릭하고 [등록 확인 및 수정]을 통해 도메인의 신뢰도를 확인합니다. 도메인신뢰도가 0 이하가 되면 블랙 도메인이 되어 메일 송수신에 문제가 발생할 수 있습니다.

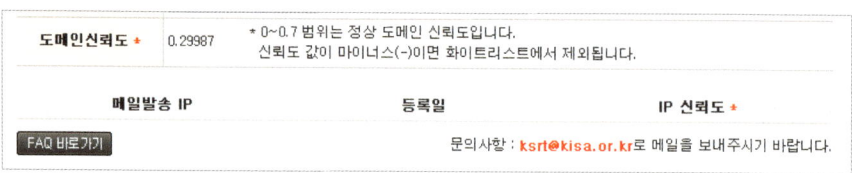

NOTE 화이트 도메인의 필요성

고정 아이피를 가지고 메일 서버를 세팅하여 메일을 원활하게 주고 받기 위해서는 국내외 등록 기관에 화이트 도메인 신청을 해야 합니다. 국내에서는 스팸 메일을 방지하기 위해 이와 같은 정책을 내놓았습니다. 국내외 포털 사이트와 특정 사이트에 메일을 정상적으로 수발신하기 위해서는 이와 같은 절차가 있음을 기억해야 합니다.

포탈사이트	등록허용		포탈사이트	등록 허용	
	개인	사업자		개인	사업자
데이콤 MI(천리안)	O	O	프리첼	O	O
드림위즈	X	O	하나로드림(하나포스)	O	O
엠파스	O	O	KTH(파란닷컴)	O	O
코리아닷컴	X	O	NHN(네이버)	O	O
SK커뮤니케이션즈(네이트)	X	O			

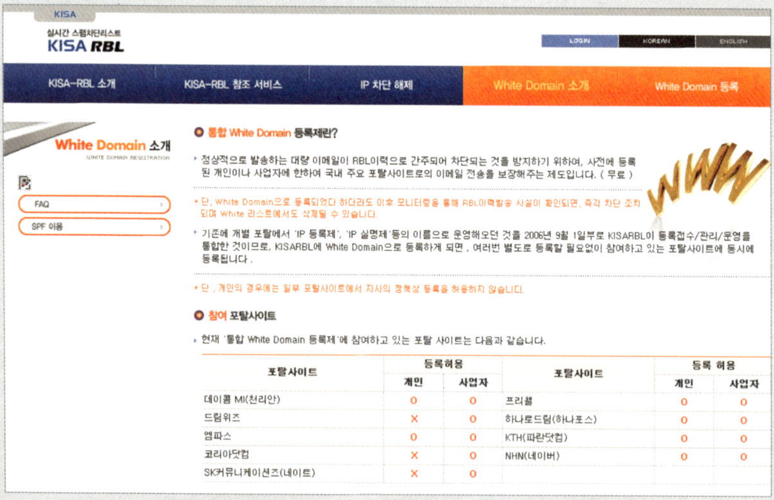

Google
116

구글 사이트 도구로 사내 인트라넷 만들기

구글 사이트 도구로 회사나 단체 홈페이지를 제작 운영할 수 있습니다. 구글에서 제공하는 사이트 도구는 구글 드라이브와 함께 구글에서 제공하는 각종 프로그램을 자유자재로 삽입하여 사용할 수 있습니다. 특히 모바일 서비스를 제공하기 때문에 구글 사이트 도구를 통해 인트라넷, 그룹웨어 솔루션을 탑재한 홈페이지를 구축할 수 있다는 것이 가장 큰 매력입니다.

01 구글 앱스 관리자 로그인하기

관리자로 로그인하고 상단에 있는 사이트 도구를 클릭합니다. 기존에 사이트 도구로 홈페이지를 만들었다면 리스트가 나타납니다.

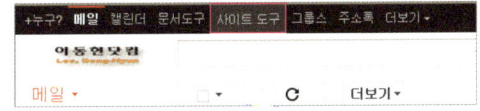

02 사이트 도구 제작하기

사이트 도구를 제작하기 위해 [만들기]를 클릭합니다.

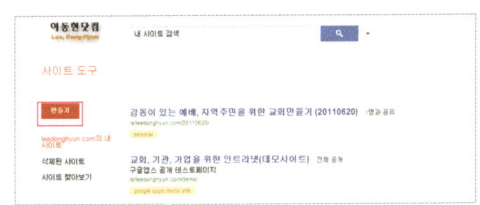

03 템플릿 선택하기

사용할 템플릿을 선택합니다. 구글 사이트를 처음 사용할 때는 우선 기본 템플릿을 이용한 후, 추후 익숙해지면 템플릿 갤러리를 통해 제작합니다.

04 테마 선택하기

[사이트 이름]과 [사이트 위치]를 입력하고 테마를 선택합니다.

05 홈페이지 초기화면 확인하기

템플릿과 테마를 선택하고 나면 아래와 같은 홈페이지 초기화면이 나타납니다.

06 기업 소개 페이지 만들기

페이지를 만들기 위해서는 상단에 있는 [새 페이지] 아이콘을 선택합니다.

07 상세 설정하기

페이지 이름과 템플릿을 선택합니다. [최상위 수준에 페이지 배치]를 선택하고 [만들기]를 클릭합니다.

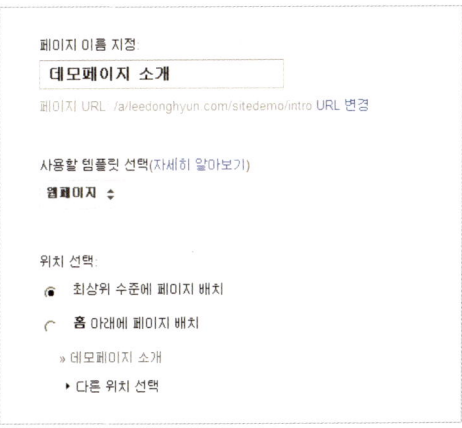

> **Tip** 사용자 템플릿에서는 웹 페이지와 공지사항, 자료실, 목록 등을 선택하여 구성할 수 있는데 페이지의 목적에 따라 선택하면 됩니다. 선택한 템플릿의 위치는 최상위, 홈아래, 다른 위치 선택 중에서 선택합니다. 페이지 구성에 따라 위치를 달리할 수 있습니다.

08 내용 입력하기

데모 페이지를 선택하여 내용을 입력합니다. 삽입, 서식을 통해 문서를 꾸밀 수 있으며 상단에 있는 글꼴 등을 변경할 수 있습니다.

09 다른 페이지 만들기

공지사항, 자료실, 목록, 시작 페이지 등을 만듭니다. 데모 페이지처럼 삽입 서식을 활용하여 제작합니다. 공지사항, 자료실, 목록, 시작 페이지는 최상위 수준에서 작성합니다.

10 사이트 관리하기

홈페이지가 완성된 후에도 부분적으로 페이지를 수정할 수 있으며, 전체 사이트를 수정하고자 한다면 [추가 작업]을 클릭한 후 [사이트 관리]에서 수정할 수 있습니다.

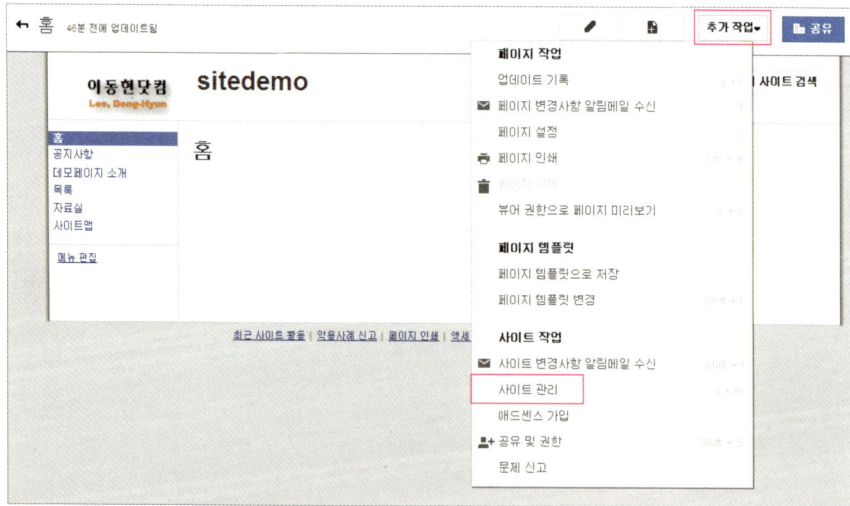

Google
117
웹 페이지 내용 작성 노하우

구글 사이트 도구로 웹 페이지를 작성하면 구글 앱스에서 지원하는 기능들을 모두 사용할 수 있습니다. 동영상, 사진, 구글 문서도구 등 다양한 멀티미디어 도구들을 삽입하여 기업 홈페이지를 구성할 수 있다는 장점을 가지고 있으며 특히 가젯이라고 불리는 웹 프로그래밍 모듈을 사용하여 웹 페이지를 더욱 다양하게 구성할 수 있습니다.

01 텍스트 모양 변경하기

마우스로 드래그하여 원하는 텍스트 부분을 선택하고 왼쪽 상단의 폰트 선택 상자에서 폰트를 변경합니다. 폰트의 종류와 함께 폰트의 크기를 변경할 수 있으며 소제목의 경우에는 강조를 위해 굵은체로 변경할 수 있습니다. 글자의 색상과 정렬을 사용자가 원하는 대로 변경할 수 있습니다.

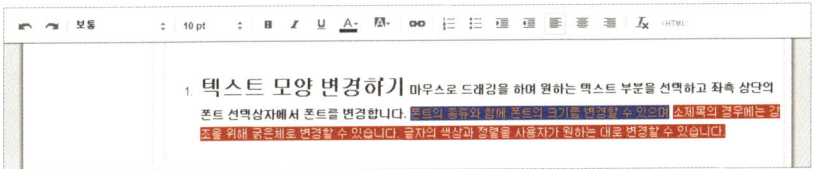

02 링크 삽입하기

링크를 삽입하려면 [삽입] 탭의 [링크]를 선택하고 상세 정보를 설정합니다.

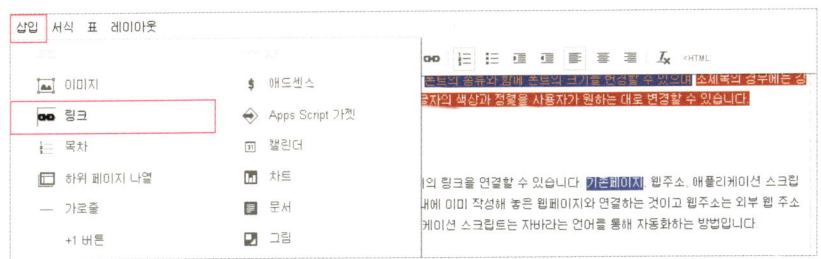

03 글머리표 사용하기

많은 항목을 작성하다보면 텍스트로만 나열할 경우 산만해질 수 있습니다. 이런 경우 글머리표를 사용하여 텍스트를 표현합니다. 이미 작성한 텍스트나 작성하고자 하는 곳에 커서를 두고 글머리표 아이콘을 선택하여 글머리표를 작성할 수 있습니다.

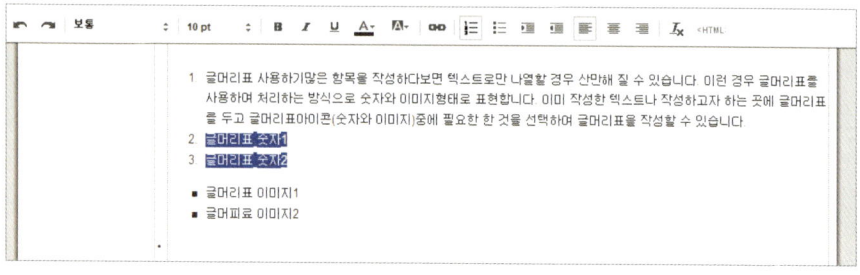

> **NOTE**
> **구글 사이트 도구 링크**
>
> 구글 사이트 도구에서는 3가지의 링크를 연결할 수 있습니다. 기존 페이지, 웹 주소, 애플리케이션 스크립트입니다. 기존 페이지는 구글 사이트 도구 내에 이미 작성해 놓은 웹 페이지와 연결하는 것이고, 웹 주소는 외부 웹 주소와 연결하는 것입니다. 마지막으로 애플리케이션 스크립트는 자바라는 언어를 통해 자동화하는 방법입니다.

04 웹 페이지에 이미지 넣기

이미지를 넣기 위해서는 [삽입] 탭을 선택하고 [이미지]를 클릭합니다. 이미지를 첨부하거나 경로를 넣어서 웹 페이지에 삽입할 수 있습니다.

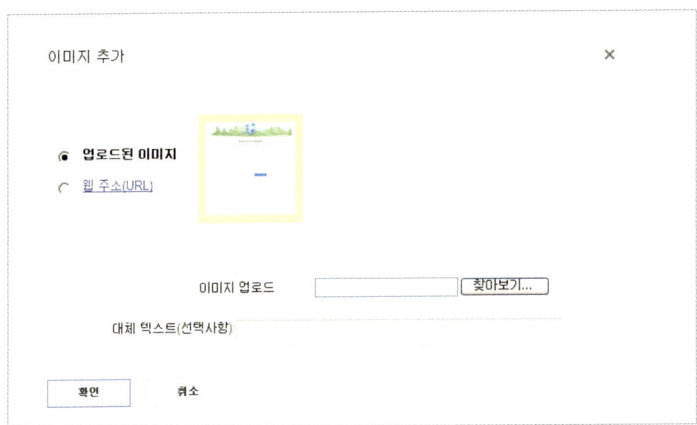

05 텍스트 상자 넣기

텍스트 상자는 균형 잡힌 페이지를 만들고자 할 경우에 사용됩니다. [삽입] 탭을 클릭하고 [텍스트 상자]를 선택합니다. 텍스트 상자의 제목을 입력하고 너비를 설정합니다. 텍스트 상자에 입력하고자 하는 본문을 입력해 작업을 마칩니다.

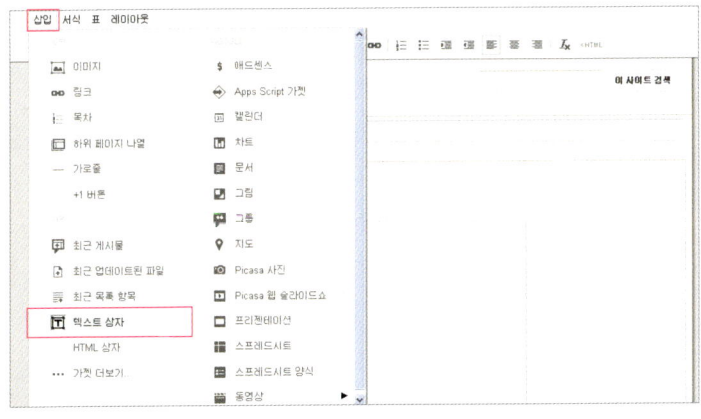

06 표 삽입하기

워드 프로세서처럼 웹 페이지에 표를 삽입하고자 할 경우에 사용합니다. [표] 탭에서 [표 삽입]을 선택하고 마우스를 움직여 표의 열과 행의 수를 지정하여 클릭합니다.

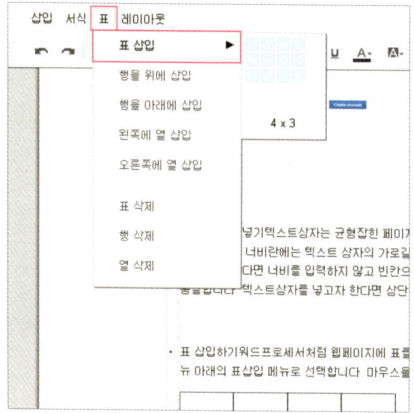

07 레이아웃 조절하기

웹 사이트를 제작하기 전에 메뉴의 위치, 단의 개수를 정해 가독성과 디자인을 고려한 레이아웃을 만듭니다. [레이아웃] 탭을 선택하여 홈페이지의 레이아웃을 구성할 수 있으며 사용자의 편의를 위한 9개의 레이아웃이 준비되어 있습니다.

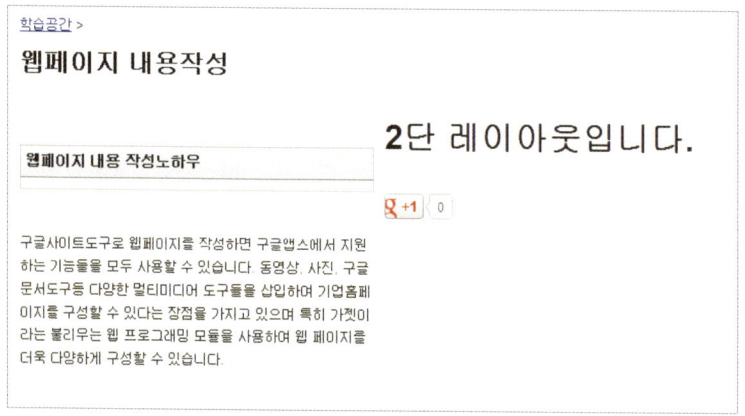

Google
118
구글 사이트 도구로 모바일 홈페이지 구축하기

구글 사이트 도구로 제작한 홈페이지는 기본적으로 웹 사이트를 기준으로 작성되어 기업 홈페이지와 사내 인트라넷으로 사용하기에 충분합니다. 특히 스마트폰이 대중화된 오늘날에는 스마트폰으로 기업 홈페이지나 사내 인트라넷으로 접속해 업무를 처리할 수 있습니다.

01 로그인하기

구글 사이트 도구에 관리자로 로그인합니다. 화면에서 [메뉴 편집]을 클릭합니다.

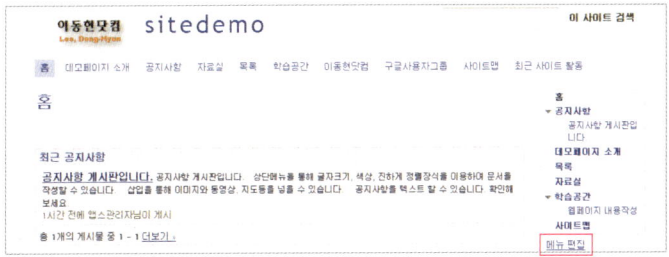

02 모바일 설정하기

[일반] 메뉴를 클릭하고 [모바일]의 [사이트를 휴대전화에 맞게 자동으로 조정]을 체크하여 화면 크기가 적절히 표시되도록 설정합니다.

03 설정 확인하기

스마트폰으로 사이트에 접속해보면 스마트폰 화면에 최적화된 크기로 화면이 제공되는 것을 확인할 수 있습니다.

• 컴퓨터에서 구현된 화면

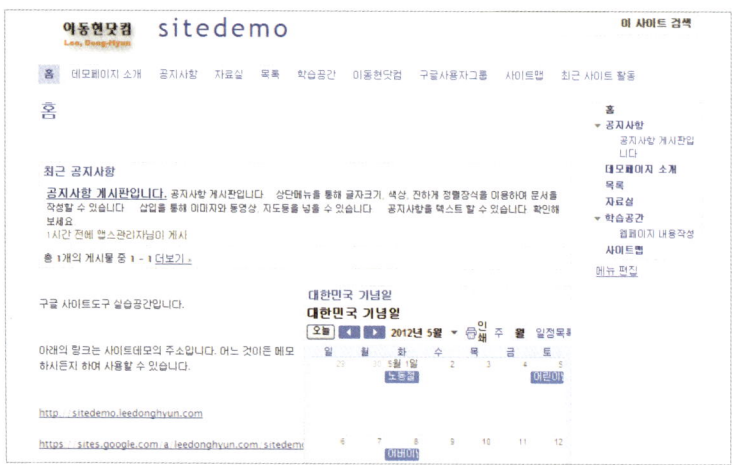

• 스마트폰에서 구현된 화면

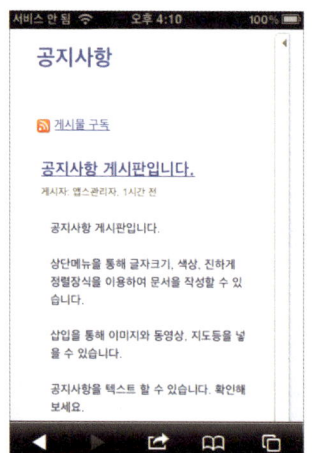

Google
119
구글 앱스 스크립트

구글 앱스는 100% 웹 환경을 제공하는 클라우드 서비스입니다. 메일과 일정 관리, 구글 토크, 구글 드라이브, 구글 사이트 도구 등과 웹 환경에서 클라우드 서비스들을 활용하여 업무를 처리할 수 있습니다. 특히 구글 앱스 스크립트는 클라우드 스크립트 언어로서 구글 서비스들을 좀 더 효과적으로 사용할 수 있도록 돕는 언어입니다. 구글 앱스 스크립트를 사용하게 되면 별도로 서버를 구축할 필요 없으며 보안 환경에 있어서도 안심할 수 있습니다. 특히 서버와 각종 패치에 대한 업데이트도 신경을 쓰지 않아도 구글에서 전세계적으로 동시에 업그레이드됩니다.

01 구글 앱스

스프레드시트의 도구 메뉴에 스크립트 갤러리를 통해서 전세계 개발자들이 만들어 놓은 자동화 프로그램을 쉽게 아무런 코딩 없이 사용할 수 있습니다.

02 구글 스프레드

시트에서 도구 메뉴의 스크립트 편집기를 통해 직접 자동화 프로그램을 만들 수 있습니다.

03 구글 사이트

도구의 사이트 관리에서 구글 앱스 스크립트를 작성할 수 있습니다.

Google
120

구글 앱스 스크립트를 적용한 재고 관리 프로그램

구글 앱스 스크립트로 작성된 프로그램으로 언제 어디서나 모바일, 태블릿, 데스크탑으로 현재 재고 상태를 파악하는 기능입니다. 스캐너로 바코드를 읽어 코드 별로 재고를 관리합니다. 부족 재고 수량을 설정해 놓으면 재고 수량이 부족 수량 이하로 남았을 때 메일로 알림을 줍니다. 재고 리포트를 통해 실시간으로 구매, 판매 수량을 파악할 수 있습니다.

01 메인 화면 확인하기

재고 목록, 구매, 판매, 리포트 메뉴로 이동하는 메인 화면입니다.

02 현재 재고 목록 리스트 확인하기

재고 추가, 수정, 삭제, 검색을 수행할 수 있습니다.

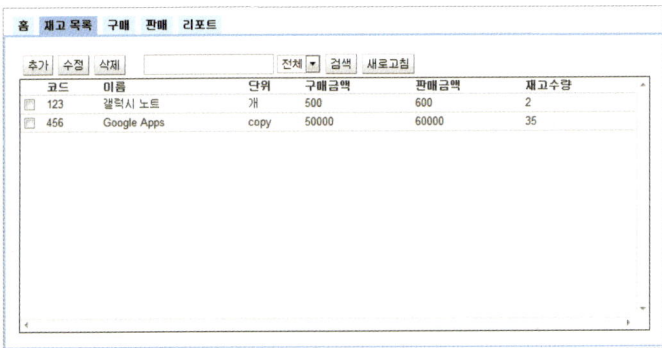

03 스마트폰으로 열람하기

스마트폰으로 현재 판매 상태를 파악할 수 있습니다.

04 리포트 조회하기

스마트폰으로 판매 리포트를 조회할 수 있으며 일정 기준으로 남아있는 재고 품목이 부족할 때 메일로 부족 재고 현황을 알려줍니다.

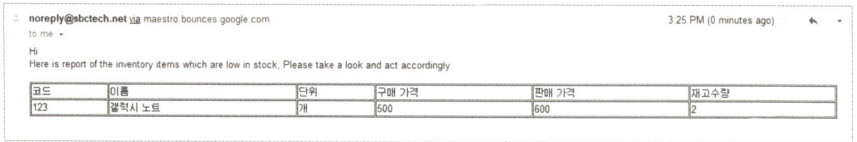

 구글 앱스 스크립트 재고 관리 프로그램에 대한 자세한 정보는 SBCTECH 홈페이지를 통해 확인 가능합니다 (http://goo.gl/zqbg8).

Google
121
구글 앱스 스크립트로 작성한 영어 Quiz

영어 Quiz 문제의 답을 구글 양식으로 입력 받아 시험 결과를 메일로 발송해 주는 구글 앱스 스크립트입니다. 구글 양식으로 시험 문제의 정답과 메일 주소를 입력받아서 문제에 대한 결과 값을 작성한 사람에게 발송해 줄 수 있습니다.

01 구글 양식 작성하기

영어 Quiz를 구글 양식으로 작성합니다.

Quiz Test

아래 문제를 읽고 알맞은 정답을 넣으십시요. 양식 제출시 정답 결과는 메일로 발송됩니다.
* 필수항목

이름 *

Email *
정확한 email 주소를 입력해 주십시요. (ex., frank.jung@sbctech.net)

A: How often do you play tennis? / B: _____ *
- On Tuesday.
- For two hours.
- Almost every day.
- With John.

Where do you usually eat lunch? *
- Sandwich.
- With Jane.
- At 12:00.
- In the cafeteria.

How long did you study last night? *
- With Bob.
- In my room.
- English.
- For three hours.

[보내기]

02 결과 값 확인하기

Quiz로 작성한 문항에 대한 데이터가 구글 스프레드시트에 기록되며 붉은 색은 오답, 녹색은 정답을 보여줍니다. 정답을 미리 또 다른 sheet에 입력해 놓고 구글 앱스 스크립트로 제출한 답변과 비교하여 정답 여부를 판단합니다.

A	B	C	D	E	F
타임스탬프	이름	Email	A: How often do you play tennis? / B: _____	Where do you usually eat lunch?	How long did you study last night?
5/26/2012 21:12:07	홍길동	frank.jung@sbctech.net	On Tuesday.	With Jane.	For three hours.
5/26/2012 21:44:35	이진석	frank.jung@sbctech.net	For two hours.	In the cafeteria.	With Bob.
5/26/2012 21:45:24	윤기훈	frank.jung@sbctech.net	For two hours.	At 12:00.	For three hours.

03 영어 QUIZ 결과 값을 메일로 발송하기

구글 앱스 스크립트로 입력받은 답변을 정답인지 오답인지 평가해 메일로 정답 내용을 안내해주는 화면입니다.

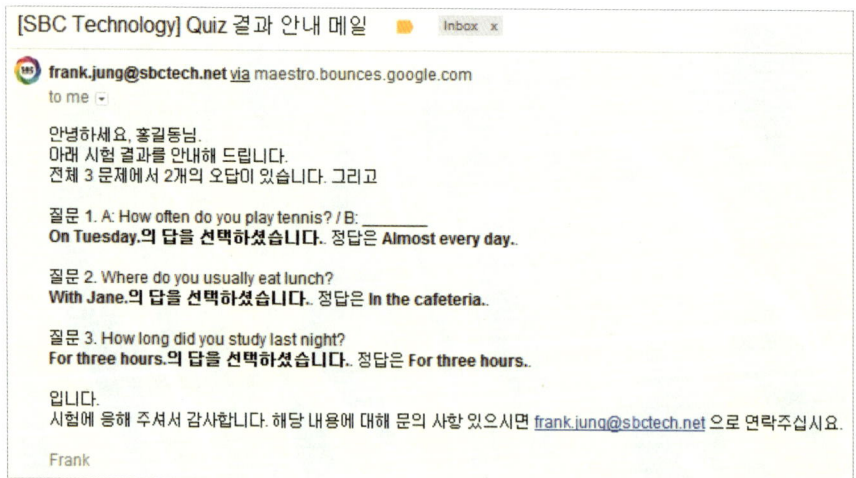

122
구글 앱스 스크립트로 작성한 세미나 신청서

세미나 참가 신청서를 작성한 후 제출하면 참가시 작성한 내역을 메일을 통해 알려주고 신청 여부를 확인할 수 있도록 할 수 있습니다. 세미나를 주최하는 회사에서는 세미나 장소를 구글 맵으로 보내주며 세미나 관련 자료를 PDF 파일로 보내줍니다. 또한 세미나 일정을 구글 캘린더에 쉽게 추가할 수 있도록 할 수 있습니다.

01 신청서 보내기

구글 앱스 양식으로 작성된 세미나 신청서의 내용을 입력한 후 [보내기]를 누릅니다.

02 결과 값 확인하기

구글 양식도구 관리자는 아래와 같은 결과 값을 스프레드시트 값으로 확인할 수 있습니다.

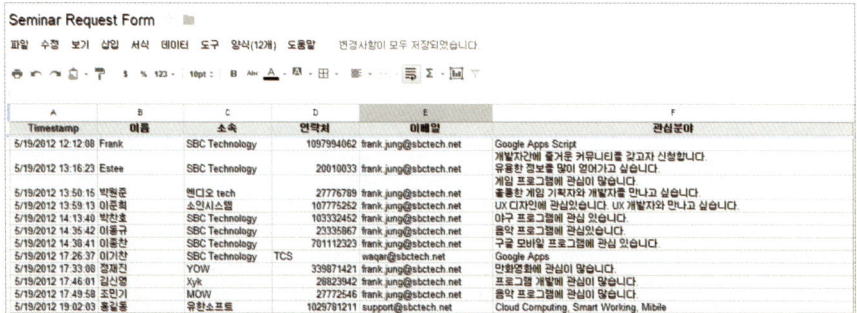

03 세부 정보 편집하기

Detail 시트에 메일을 보낼 때 여러 가지 정보를 보내줄 환경 설정 데이터 내용입니다. 해당 정보를 통해 세미나 주최자는 일정, 세미나 장소, 안내 문구, 안내 첨부 파일 등을 쉽게 편집할 수 있습니다.

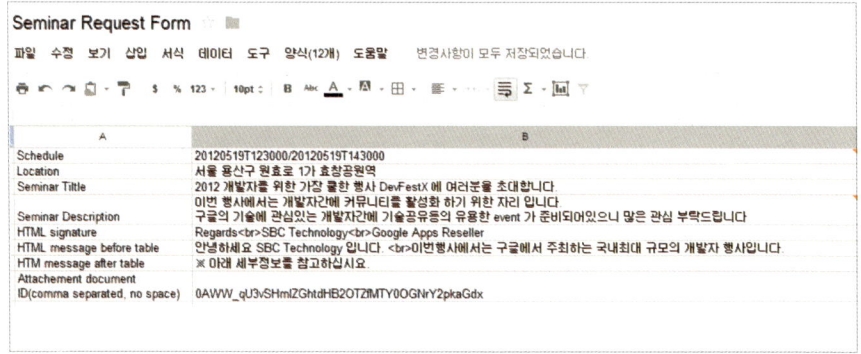

04 메일로 발송된 세미나 신청서 확인하기

메일로 발송된 세미나 내용입니다. 아래의 화면과 같이 양식 제출 시 입력한 내용을 확인할 수 있으며 자신의 캘린더에 일정을 추가 하는 기능과 주소를 구글 맵으로 보여주는 기능, 세미나 안내 첨부 파일 등의 정보와 함께 접수가 정상적으로 처리되었음을 확인할 수 있습니다.

05 구글 캘린더에 세미나 일정 추가하기

캘린더에 일정을 추가하려면 링크를 클릭합니다. 자신의 캘린더에 세미나 관련 정보가 자동으로 입력됨을 확인할 수 있습니다.

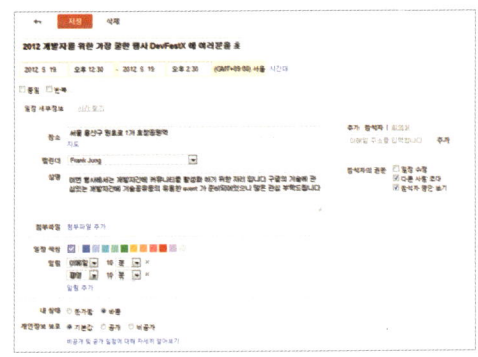

Part 7 구글 앱스를 통한 기업 홈페이지 구축

Google 123

컨설팅 신청자 현황을 실시간으로 파악하기

구글 양식과 구글 스크립트를 활용하여 컨설팅 신청 현황을 담당자의 메일로 보내고 구글 양식을 통해 리스트를 확인할 수 있습니다.

01 컨설팅 신청서 작성하기

구글 드라이버에서 새로운 스프레드시트나 구글 양식으로 컨설팅 신청서를 만듭니다(http://goo.gl/RkHTS).

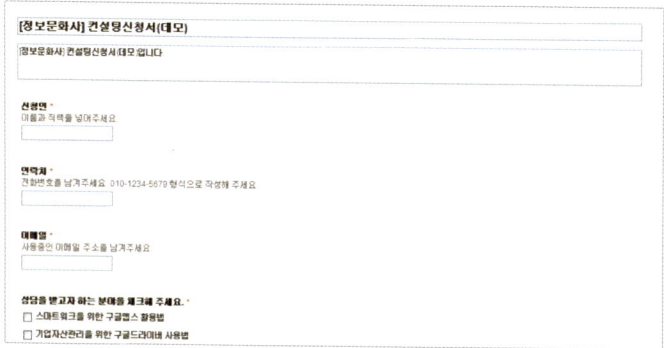

02 스크립트 편집하기

[도구]의 [스크립트 편집기]를 클릭합니다(http://goo.gl/ZKV87).

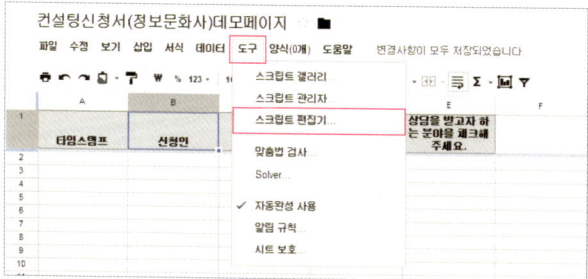

03 이름 바꾸기

스크립트 편집기에서 파일을 선택하고 이름 바꾸기를 클릭한 후 프로젝트 이름을 변경합니다. 파일 이름이 아니라 코드 이름입니다.

04 코드 변경하기

코드 이름에 'function myFunction()'이라고 되어있는 부분의 'myFunction()'을 'sendEmailScript()'로 변경합니다. 'sendEmailScript'는 임의로 지정하였으므로 사용자들이 스크립트 부분을 언제나 변경 가능합니다.

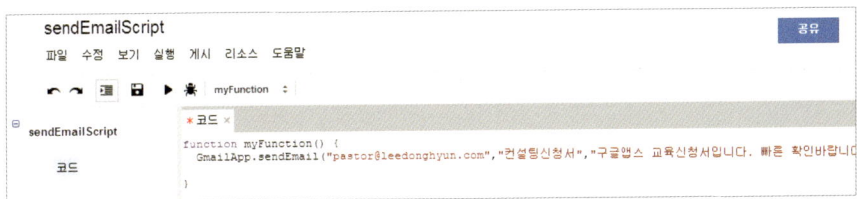

05 function 수정하기

function 안에 다음과 같이 작성합니다. GmailApp.sendEmail("이메일주소","제목","내용") 작성하고 Ctrl+S를 눌러 저장한 후 Ctrl+R을 눌러 재실행합니다.

> 형식 : GmailApp.sendEmail("이메일주소","제목","내용");
>
> 사례 : GmailApp.sendEmail("pastor@leedonghyun.com","컨설팅신청서","구글 앱스 교육 신청서입니다. 빠른 확인 바랍니다");

06 권한 요청하기

권한 요청 화면에서 'Authorize'를 클릭합니다.

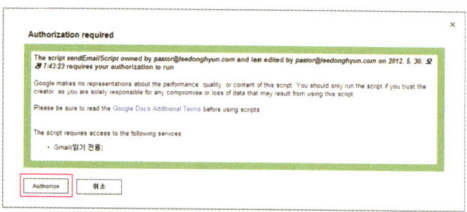

07 엑세스 허용하기

엑세스 허용을 클릭합니다. 해당 스크립트가 구글 계정에서 액세스를 요청하는 창이 나오면 액세스 허용을 클릭합니다. Authorization Status 창에서 [닫기]를 클릭하면 작업이 완료됩니다.

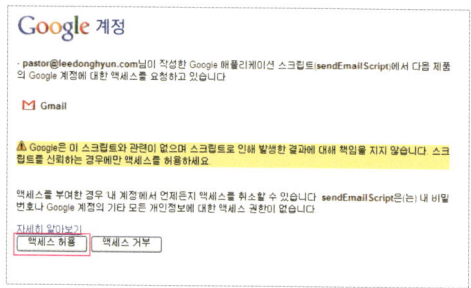

08 문서를 작성하기

누군가 구글 양식을 통해 문서를 작성합니다.

09 담당자 확인하기

컨설팅 신청서 리스트가 자동으로 구글 스프레드시트로 저장되었으며 담당자에게 메일이 전달되었습니다.

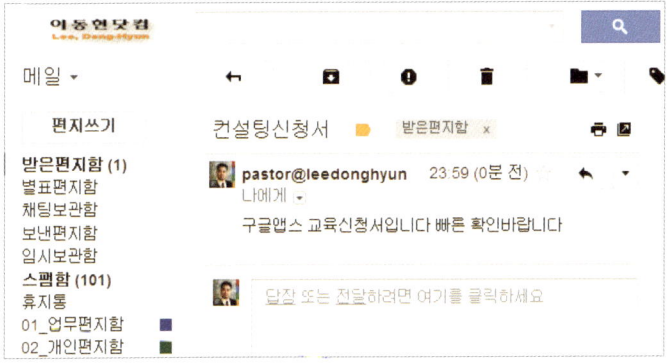

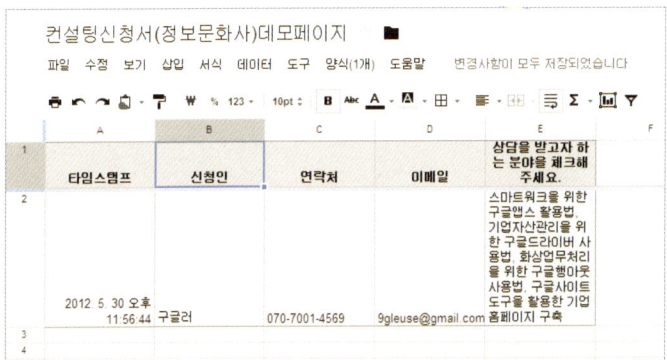

> Tip▶ recipients는 받는 사람, subject는 제목, body는 내용, optAdvancedArgs는 옵션입니다.

Google
124

구글 스크립트로 업무일지 만들기

구글 스크립트로 작성하는 업무일지 만들기입니다. 구글 스크립트 갤러리에 있는 공개 스크립트를 이용하여 작성할 수 있으며 작성된 업무일지는 폼 메일과 스프레드시트로 만들어져 클라우드에 보관되며 언제 어디서나 열람할 수 있습니다.

01 업무일지 제작하기

구글 드라이브에서 구글 양식으로 업무일지를 제작합니다. (http://goo.gl/xYPGN)

02 파일 열기

구글 양식으로 작성한 파일을 엽니다.

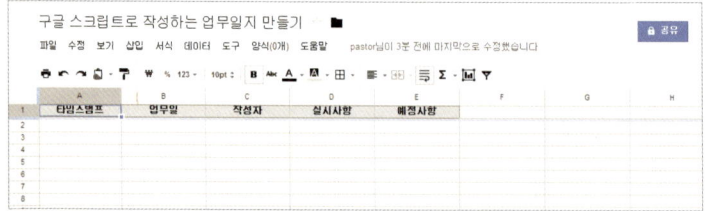

03 스크립트 갤러리 선택하기

[도구]에서 [스크립트 갤러리]를 선택합니다.

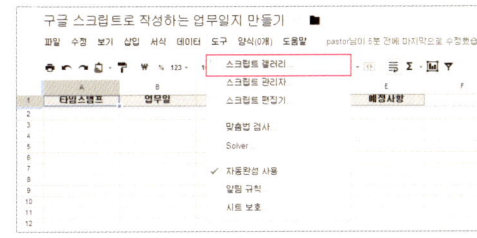

04 인스톨하기

스크립트 갤러리에서 formEmailer 스크립트를 검색하여 [install]을 클릭합니다.

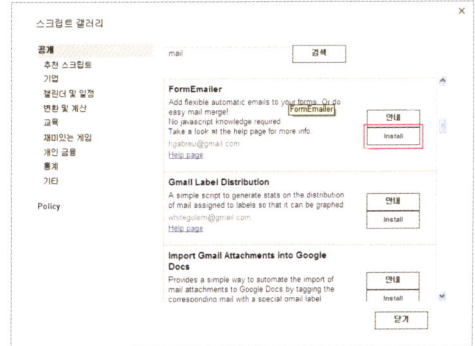

05 승인하기

인스톨이 완료되면 나타나는 승인 창에서 하단의 [Authorize]를 클릭하고 Authorization Status 스크립트 창의 [단기]를 클릭합니다.

06 갤러리 닫기

해당 스크립트가 설치되었으므로 스크립트 갤러리를 닫습니다.

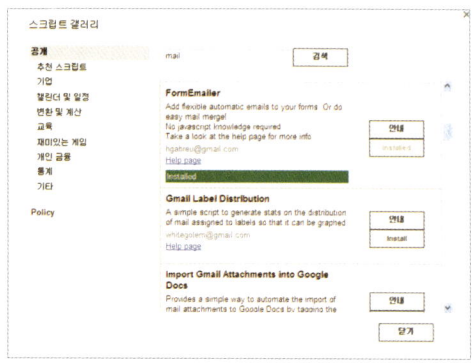

07 메뉴 추가하기

구글 양식으로 작성된 스프레드시트 메뉴에 방금 설치된 스크립트 메뉴가 나타나며, 시트와 셀이 나타납니다.

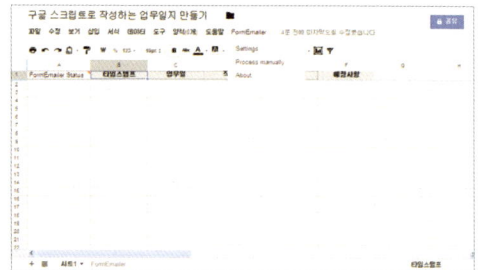

08 내용 작성하기

[FormMailer]의 [Settings]을 클릭하여 폼 메일로 작성할 내용을 설정합니다.

09 저장하기

폼 메일로 받는 사람과 주제와 본문을 넣고 하단에 있는 저장을 클릭합니다. 본문에 들어간 내용은 구글 양식에서 작성한 내용입니다.

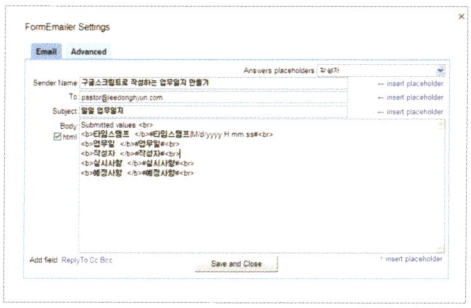

10 일지 작성하기

직원들이 업무일지를 작성합니다.

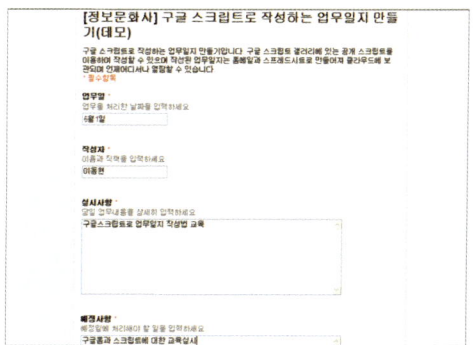

11 확인하기

업무일지 내용이 스프레드시트 파일과 메일로 발송됩니다. 해당 스프레드시트는 담당자(소유자)와 신관들이 언제든지 열람하거나 수정할 수 있습니다. 발송된 메일을 통해 업무를 확인합니다.

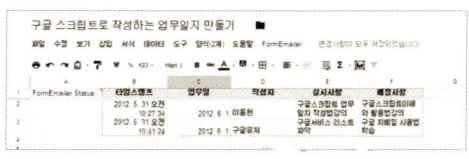

Google
125
지메일 미터로 이메일 사용 행태 분석하기

구글은 사용자의 이메일 사용 행태를 분석해주는 '지메일 미터(Gmail Meter)'란 도구를 제공하고 있습니다. 구글이 제공하는 무료 이메일 서비스인 지메일 사용자거나 구글 앱스 사용자라면 자신의 이메일 사용내역을 분석해 놓은 각종 도표를 한 눈에 확인할 수 있습니다. 지메일 미터는 사용자의 송수신 메시지 양을 비교해 주거나 일일 이메일 사용빈도, 답장을 작성하는데 소요되는 시간, 이메일 작성시 사용하는 평균 글자 수 등 이메일 사용활동에 관한 모든 통계 수치를 알려줍니다. 구글 미터는 매달 첫번째 날 사용자의 이메일과 관련된 각종 통계 정보를 제공하며 구글의 어카운트 액티비티 서비스가 사용자의 구글 계정과 관련된 모든 내역을 정리해 주고 있으며 지메일 사용내역에 초점을 맞춘 서비스입니다.

01 설치 전 설정하기

지메일 미터를 설치하기 위해서는 구글 계정에 로그인하고 스프레드시트를 만든 뒤 [도구]의 [스크립트 갤러리]를 클릭합니다.

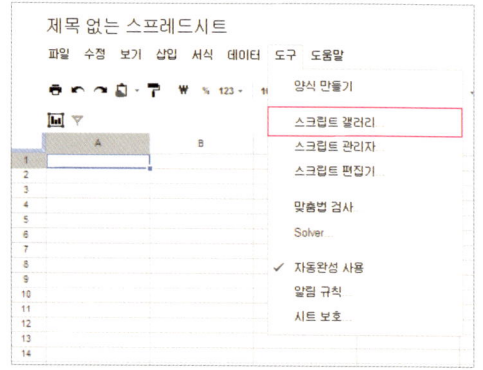

02 지메일 미터 검색하기

스크립트 갤러리(Script Gallery)에서 지메일 미터(Gmail Meter)를 검색합니다.

03 인스톨하기

검색된 Gmail Meter의 [Install]을 클릭해 설치합니다.

04 승인하기

소유권을 확인하는 창이 나타나면 [Authorize]를 클릭합니다.

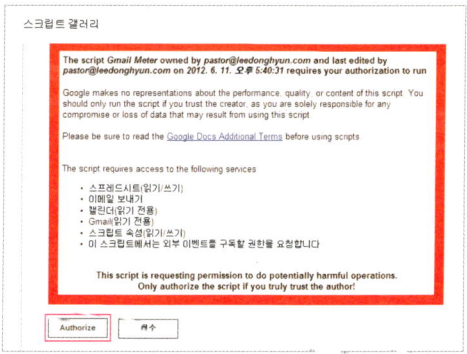

05 액세스 허용하기

해당 스크립트에서 해당 지메일 계정에 대한 액세스를 요청하면 [액세스 허용]을 클릭하고 Authorization Status 창에서 닫기를 클릭합니다.

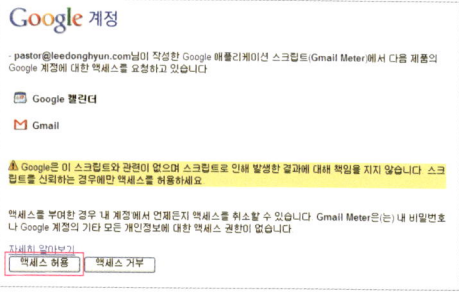

06 메뉴 확인하기

구글 스프레드시트 메뉴에 [Gmail Meter]가 생성됩니다. 리포트를 받기 위해 [Get a Report]를 클릭합니다.

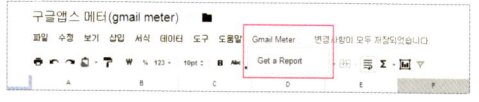

07 일정 선택하기

[Gmail Meter] 팝업창이 나타나면 [Monthly report] 나 [Custom report] 중 하나를 선택해 [Get it]을 클릭합니다.

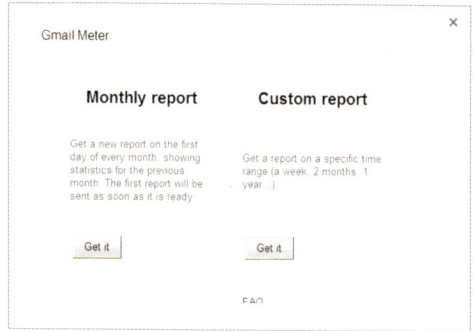

08 결과 값 확인

스프레드시트에 구글 스크립트 Gmail Meter를 설치한 결과 값입니다.

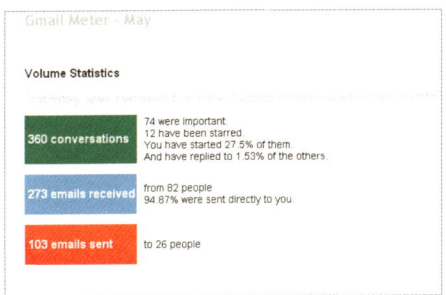

09 결과 값 받기

등록된 이메일로 지메일 미터 결과 값이 전송됩니다.

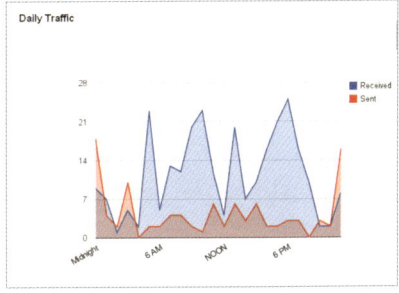

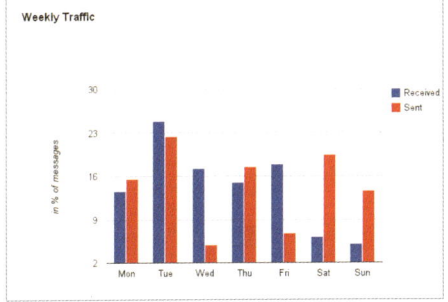

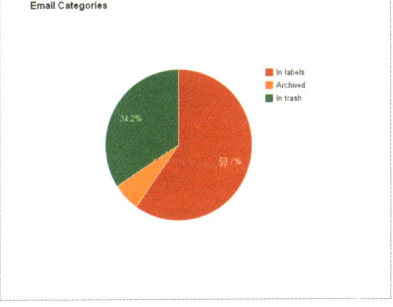

Column

당신의 기업은 지금 어떤 문제로 고민하고 있습니까?

아래의 10가지 문제로 인해 고민한다면 지금 바로 구글 앱스의 공유기능과 협업 기능, 구글 사이트 도구를 활용하여 문제점을 해결할 수 있습니다. 워드, 엑셀, 파워포인트, 신청 양식등의 파일을 공유할 수 있어 작업의 낭비를 없애 줄 수 있으며 사이트 도구를 통해 자체 인트라넷망을 구축하여 업무 처리에 효율성을 높일 수 있습니다. 아래는 위의 문제를 해결할 수 있는 방안과 결과입니다.

1 | 메일첨부 때문에 파일 공유가 복잡합니다.

이런 경우 문서도구의 파일을 공유하여 관리할 수 있습니다. 이를 통해 공유자끼리는 항상 최신의 서류를 열람하거나 작성할 수 있습니다.

2 | 회의 일정을 결정하기 위해 많은 시간을 투자하고 있습니다.

회의 일정을 잡아야 할 때 일일이 회의 참석자들의 일정을 문의해야 하기 때문에 많은 시간을 흘려보냈다면, 구글의 캘린더 공유를 통해 일정을 파악하는 것이 좋습니다.

3 | 연수 시간을 단축하고 싶습니다.

동일한 내용을 전직원이 같이 교육받는다는 점이 좋은 점도 있지만 시간적, 물질적으로 많은 어려움을 줄 수 있습니다. 그러므로 신입 연수 등의 경우에는 동영상 매뉴얼을 유튜브에 올려놓고 선교육이 이루어지는 것이 필요합니다. 이를 통해 연수비용의 절감 효과를 가져옵니다.

4 | 업무상 자주 있는 질문을 매번 답해야 합니다.

QA 매뉴얼 파일을 공유함으로써 질문에 답하는 횟수를 줄일 수 있습니다.

5 | 업무 보고서, 프로젝트 문서 등을 열람하는데 시간이 많이 걸립니다.

관련 문서를 공유하거나 열람할 수 있는 그룹웨어에 올려놓습니다. 이를 통해 정보 전달이 빨라지고 정보 수집 능력이 상승됩니다.

―― Column

6 | 문서양식을 재사용하고 싶습니다.

서류를 사내에서만 공유할 수 있도록 할 수 있으며 사용된 서류의 형식을 복사하여 사용함으로써 중복작업이 감소하고 작업 효율을 높일 수 있습니다.

7 | 업무진행상황을 실시간으로 파악하고 싶습니다.

구글의 사이트 도구를 통해 업무 진행 상황 한 눈에 확인할 수 있습니다. 담당자는 진행 상황에 따라 업무를 지시할 수 있고 신속하게 업무 처리에 도움을 받을 수 있습니다.

8 | 직원 모두가 같은 목표를 향해 달려가고 싶습니다.

구글의 사이트 도구를 통해 부서, 기업간의 목표를 공유할 수 있어 멤버간의 단결력을 높여 경쟁력을 상승시킬 수 있습니다.

9 | 컴퓨터나 소프트웨어 구입비용을 줄이고 싶다.

스마트 디바이스를 통해 업무 처리가 가능해 절감한 비용을 재투자할 수 있습니다.

10 | 그룹웨어를 통해 효과적인 업무처리와 기업의 비용절감을 하고 싶습니다.

구글 앱스는 10명의 사용자까지 무료로 사용할 수 있어 사무직원 10명 내외에서는 유용한 도구입니다. 10명 이상의 경우에는 유료 버전을 통해 구입이 가능합니다.

ㄱ
계정 만들기　14
계정 복구　48
계정 삭제　50
계정 추가　29
공유 설정　125
구글 OTP　37
구글 기어스　78
구글 대시보드　170
구글 드라이브 폴더　118
구글 리더　152
구글 문서도구　102
구글 백업 도구　139
구글 스프레드시트　107
구글 알리미　150
구글 앱스　246
구글 앱스 관리자　264
구글 앱스 사용자 등록　256
구글 앱스 소유권　251
구글 앱스 스크립트　281
구글 양식　114
구글 워드　105
구글 이미지　165
구글 클라우드 프린터　196
구글 테이크아웃　137
구글 토크　86, 88, 90, 92
구글 툴바　189
구글 플러스　218
구글 플러스 계정　220

구글 플러스 메뉴　222
구글 플러스 서클　226
구글 플러스 위젯　233
구글 플러스 행아웃　228
구글 피카사　198
구독　152
기본 메일　34
기업 로고　254

ㄴ
네이버 주소록　21
닉네임 단축 주소　236

ㄷ
다운로드　120
다음 주소록　20
단축키　44, 141
데모 아이디　131
도메인 구입　249
도메인 소유권　248
동기화　122, 139
동영상 비공개　207

ㄹ
라벨　22

ㅁ
맞춤 웹 주소　258

304

메일 통합　29
모바일 설정　66
모바일 홈페이지　279
문서 공유　124
문서 이메일　126
미팅 일정　73

ㅂ　발신인　33
별표　27
보안 프로토콜　36
북마크 가져오기　184
북마크 사용하기　187
비밀번호　47
비밀번호 재설정　49
비즈니스용 페이지　238

ㅅ　사내 인트라넷　271
사진 관리　199
사진 편집　201
삭제 요청　172
새 캘린더　68
서버 인증　43
서버 포트　43
설문조사　114
스마트 디바이스　81
스마트폰　52

ㅇ　아이폰　52, 54
알림 문자　66
앨리어스　31
업로드　120
업무일지　130
업무일지 공유　132
엑셀　18, 107, 108
연동　54
연락처　16
영상통화　89
온라인 회의　228
외국 사이트　192
외국 사이트 번역　157
워드 프로세서　103
웹 주소 매핑　266
유튜브　207
유튜브 동영상　209
인쇄하기　197
일정 등록　63
일정 알림　65

ㅈ　정보 수집 방법　148
주소록　16
주소록 가져오기　21
주소록 내보내기　20
주소록 복원　46
중소기업　218

Google Index

즐겨찾기 185
지메일 14
지메일 백업 39
짧은 주소 240

ㅊ 참석자 추가 73
첨부 파일 95

ㅋ 캘린더 60
캘린더 공유 69
캘린더 복사 72
캘린더 설정 69
크롬 브라우저 180

ㅌ 탈퇴 50
테스트 131

ㅍ 페이지 번역 195
프로필 보기 49
프로필 사진 224
프리젠테이션 111
피드 154
피카사 공유 205
피카사 설치 200
필터링 24

ㅎ 할 일 목록 75
홈페이지 127
화상회의 231
화이트 도메인 267

기타 CNAME 261
CSV 18
gTask 81
HTTPS 36
IMAP 41
POP3 41
QR 코드 241
RSS 155
RSS 등록 168